アドラーに学ぶ

どうすれば幸福に生きられるか

岸見一郎
Kishimi Ichiro

ベスト新書
618

はじめに

やりたいことだけをして生きてみたい。でも、そんなわけにはいかないと自分に言い聞かせ、日々苦しい思いをして生きていないでしょうか。自分の人生なのだから、どう生きようとかまわない――そう思っても、働かなければ食べていけない。だから、好きなことばかりして生きるわけにはいかない。そう思い直しては本当にしたいことを後回しにしていると、人生は瞬く間に過ぎ去っていきます。

ある日、私の本を担当する編集者と話をしました。仕事の話が終わった後、彼は「今日は報告があるのです」と話を切り出しました。他の出版社に移る人はこれまでも何人も見てきたので、今の会社を辞めることにしたのだろうかと思いましたが、そうではありませんでした。

「画家になります」

正直、少し驚きましたが、彼の決断を応援したいと思いました。

彼のような決断をすれば、反対する人は多いでしょう。しかし、他の人の期待を満たすために生きているのではないので、反対されたからといって決心を翻さなければならない理由はありません。

他の人ではなく、自分が自分の決断にブレーキをかけてしまうこともあります。「好きなことをして生きたい、でも……」というのです。決心しない理由はいくらでも見つかります。「でも」という人は迷っているのではありません。「でも」といった時点で、「しない」と決めているのです。

今日は何をしようかというようなことであれば、悩んだりしないでしょう。仕事をしている日であれば、他の何かをするという選択肢がないので迷うこともできません。しかし、これからの人生をどう生きるかを決断しなければならない時には、その決断がこれからの人生を大きく変えるかもしれないので、決断することに慎重にならざるをえません。

問題は、どんな決断をする時も、それが自分がやりたいことであっても、やりたいことが本当に自分のためになるかわからないことです。その決断によって不幸になりたい人はいないでしょうが、不幸にならず幸福になりたいのであれば、「幸福とは何か」を知っていなければなりません。やりたいことが自分のためにならないことが後にわかるのは、これらの問いに対して答えが見つかっていないからです。

カウンセリングをしていた頃、一人では考え切れない問題に答えがほしいとこられる人は多くいました。しかし、うまく答えられないこともよくありました。「この人生をどう生きればいいのか」「幸福とは何か」というような問いは、マニュアルを見るように答えがすぐに出るものではないからです。

それでも、一緒に考えることはできました。その際、私が長年学んできたアドラー心理学が、これらの問いに明確な指針を与えていることが助けになりました。

本書では、私は私自身が生きる時にいつも指針にしてきたアドラー心理学の考えを基に、どうすれば幸福な人生を送れるかを考えてみました。

この本の最初の原稿を書いていた頃、私は療養中で外での仕事を制限しなければなりませんでした。同時に、父が認知症を患っていることがわかり、父の介護をすることになりました。しかし、私は不幸の真只中にいたわけではありません。日々の何気ない瞬間に、何があっても失われることのない幸福があることに気づいたからです。

アドラーの幸福への処方箋は実践が難しいと思うこともあるかもしれませんが、できそうなところから少しずつ始めてみてください。どこか遠くに探しに行かなくても、また、何かの実現を待たなくても、初めからここにあったことに気づくまで、そう時間はかからないでしょう。

目次◎アドラーに学ぶ　どうすれば幸福に生きられるか

第三章　幸福に生きるための他の人との向き合い方

第四章　老い、病気、死との向き合い方

第五章　毎日の中にある、幸福になるための発見

序　どうすれば幸福に生きられるか

生きることはつらいことだ

ギリシアの哲学者、プラトンは、「どの生き物にとっても、生まれてくるというのは、初めからつらいことなのだ」といっています（『エピノミス』）。ギリシア人にとっては、生まれてこないことが一番幸福で、次に幸福なのは、生まれてきたら、いち早く死ぬことでした。

もちろん、このような考え方は今日受け入れられないでしょうが、長く生きれば生きるほどつらい目にあうというのも本当です。しかし、だからといって生きることをやめるわけにはいきません。

ところで、生きることはただただつらいものなのでしょうか。鳥は真空の中では飛ぶことはできません。空気の抵抗があってこそ、鳥は飛ぶことができるのです。それと同様に、人生において経験する多くの出来事は、たしかにつらく苦しいものかもしれませんが、苦しみがあればこそ、人生を生き抜くことができ、さらには、それを梃子《てこ》にして生きる喜びを感じることができるともいえます。

幸福に生きるということの意味

本書においては、どうすれば幸福に生きられるかをアドラー心理学にもとづいて考察します。このどうすれば幸福に生きられるのかという問いは、幸福になれる、あるいは、なりたいということを前提にしていますが、幸福にはなれないとか、幸福になんかなりたくないという人がいるかもしれません。「幸福」という言葉を口にすることすら気恥ずかしいという人もいるかもしれません。

たしかに、もしも幸福に生きるということの意味が、よい学校に入り、よい会社に入って立身出世するとか、誰もがうらやむような結婚をするというようなことであれば、そのような通俗の意味での幸福は自分には関係のないことで、何の興味もないという人も多いように思います。

いつかネットで知り合った人たちが集まって自殺を試みた時、一人だけ助かった大学生がいました。自殺をしようとした理由をたずねられて、これから先四十年も同じ生活をするのは苦しいと答えました。この大学生は、おそらく大学を卒業すれば就職して結婚するというような人生設計をしていたのでしょう。

先が見えれば安心ではありますが、推理小説を読む時に、あらかじめ最後のページを読んでしまうようなことになります。これから起こることがすべてわかっていれば、生きることはつまらないものになるでしょう。そのような空しい思いにとらわれた人が、普通に考えられているような幸福に背を向けるということはあります。

通俗的な幸福を超えて

私が二十五歳の時に、母が脳梗塞で倒れました。当時、私は哲学を学んでいましたから、生涯、お金とは縁がないだろうと覚悟していました。それでも、研究職に就き、大学で教えることを願っていましたし、これが私の名誉心あるいは野心であったことは否定できません。

ところが、大学院に入った年に母が脳梗塞で倒れたので、私は母の看病のために大学院へ行くのを断念しなければならなくなりました。自分が思い描いていた人生設計がもろくも崩れ去った思いでした。

私は、母の病床で、こんなふうに身体を自由に動かせなくなり、意識もなくなっても、なお人が生きる意味は何かということを毎日考え続けました。最後に残るものだけが意味があると考えれば、お金や名誉は幸福には関係がない、母のように意識がなくなれば、健康すら関係がないことに思い当たりました。もちろん、生きる意味がないという意味ではありません。

こうして、私は、通俗的な、あるいは、世間的な意味では幸福ではなくとも、そのような意味とは違う本当の意味で幸福になろうと思いました。三カ月の闘病後、母が亡くなり、やがて復学した私は、もはや以前の私ではありませんでした。

今この瞬間から幸福になれる

私が初めてアドラー心理学の講義を聞いたのはこのことがあってさらに十年ほど経ってからですが、講師のオスカー・クリステンセンが、

「今日、私の話を聞いた人は、今この瞬間から幸福になることができます。しかし、そうでない人は、いつまでも幸福になれません」

と話すのを聞き、私は驚き、同時に、この言葉に反発を感じないわけにはいきません

でした。私は母のこともあって幸福とは何かということについて考えていましたが、そんなに簡単なことではないだろうと思ったのでした。

しかし、やがて見るように、アドラーの教えは、世に氾濫する「どんな状況にあっても、要は気の持ちようであって、幸福はその意味で主観的なものである」というような安直な幸福の勧めとは一線を画するものであることがわかり、今この瞬間から幸福になれるという表現が決して誇張ではないことを知りました。

ある食べ物をある人がおいしいといい、他の人がそうでないといっても、好みの違いでしかありません。ところが、この食べ物は有用か有害かということになると、主観で決めることはできません。幸福もこれと同じように、どんな生き方をしても幸福になれるわけではありません。

どうすれば幸福になれるのかという問いには、自動販売機から飲み物が出てくるように簡単に答えることはできないのです。こんな時はこうするというような簡便なマニュアルのようなものも作れません。しかし、幸福になるためにはどんなふうに生きればいいかという一つの指針をアドラー心理学ははっきりと示すことができると私は考えています。

生老病死

アドラーは、人間の悩みはすべて対人関係の悩みであるといっています。対人関係の悩みから脱却できれば、幸福に近づくことはできます。

そこで、本書では対人関係をめぐって仔細《しさい》に論じましたが、第四章では、老い、病気、死とどう向きあえばいいかについても考察しています。ちょうど、仏教の教えが、人間が免れることができない四つの苦しみとして、生（生まれること、生きること）の他に、老いること、病気になること、死ぬことをあげているように、決して誰も避けることができない老、病、死に直面した時にこそ、幸福の真価が問われるからです。

これらは、決して人生の最後に私たちを待ち構えているのではなく、常に生の直下にあります。若い人も例外ではありません。

シンプルな幸福論

アドラーの講演を初めて聴いた人が、アドラーに、

「今日の話はみんな当たり前の話（コモンセンス）ではないか」

といいました。

アドラーは答えました。

「それで、コモンセンスのどこがいけないのですか」と（Brett, Colin. Introduction. In Adler, Alfred. *Understanding Life*）。

アドラーの話がまったく的外れであれば、この人はアドラーの話がコモンセンスだとはいわなかったでしょう。

天才とは新しい自明性を創り出す能力だといった人があります（フランスの出版人、ベルナール・グラッセ）。前から存在していたにもかかわらず、誰ひとりその存在に気づかなかったものを発見し、言葉でいい表す能力という意味です。言葉で表現された途端、そのことが当たり前のことのように見え、コモンセンスに組み入れられてしまうのです。

本書の幸福論もコモンセンスであり、非常にシンプルな話になるはずです。どうすればシンプルで幸福に生きていけるか、ヒントを得てくださったら嬉しいです。

第一章

アドラー心理学を理解するための基礎知識

アドラーはどんな人だったか

最初に本書で初めてアドラー心理学について知る人のために、アドラーがどんな人だったかを簡単に紹介します。

オーストリアの精神科医であるアルフレッド・アドラー（一八七〇〜一九三七年）は、フロイトが主宰《しゅさい》するウィーン精神分析協会の中核的メンバーとして活躍していました。しかし、学説上の対立から脱退し、次に見るような「目的論」「全体論」などを特徴とする独自の理論体系を構築し始め、これを「個人心理学」（Individualpsychologie, individual psychology）と称しました。日本では創始者の名前をとって、「アドラー心理学」と呼ぶのが一般的です。

欧米では、今もフロイト、ユングと並んで必ずアドラーの名前が言及されますが、日本ではあまり知られていません。しかし、例えば、今日よく知られている「劣等感」という言葉を、今日使われる意味で最初に用いたのはアドラーなのです。

もしもアドラーが今も生きていれば、どう思うだろうかとよく考えることがあります。アドラーはこんなことをいっているのです。私の名前を誰も思い出さなくなる時がくるかもしれない。アドラー派が存在したことすら忘れられてしまうかもしれない。

それでもかまわない、「心理学の分野で働くすべての人が、私たちと共に学んだかのように、行動することになるだろうから」と（Manaster, Guy et al. eds., *Alfred Adler: As We Remember Him*）。

アドラーは、幼い頃、くる病のために身体を自由に動かすことができず、病弱であったことや、幼い頃、弟を亡くしたことなどの経験から、早くから死の問題に関心を持ち、医師になる決心をしました。

アドラーはユダヤ人である一家の期待の星であり、一九一二年にウィーン大学に無給講師の資格を申請していますが（これは審査に手間取り、二年半後、大学はこの申請を却下しています）、医師になろうと思ったのは、お金を儲けたり名声を得るためではなく、この世界を変え人類を救うためでした。

アドラーがこのように考えるようになったのは、早くから社会主義に関心があったからです。アドラーが大学を卒業して二年後に結婚したライサとも社会主義の勉強会で出会っています。

そこで、アドラーは、学究肌のフロイトとは違って、医学を研究ではなく診療のために選び、最初は内科医として開業しました。フロイトが自分が主宰する研究会へとアドラーを誘った時には、開業医としての名声を増しつつあり、フロイトがこのことを聞き及んだのだといわれています。

アドラーは、貧しい患者から高い診察代を取ることはありませんでしたし、患者を前にして、もったいぶった態度や尊大な言動を取ることもありませんでした。一日も休むことなく、朝から夜遅くまで診察と勉学に励みましたが、診察を終えると、夜はカフェで遅くまで友人たちと議論を楽しみました。

アドラーの生き方は、アテナイの街で青年たちと対話をしていたソクラテスを彷彿とさせるところがある、と私はいつも思います。

このように、アドラーの活動の基盤は終始、大学ではなく普通の人々の集まりでした。ソクラテスと同様、アドラーも専門用語を使うことを好まず、誰にでもわかる言葉で語ることに努めました。アドラーは「私の心理学は〔専門家だけのものではなく〕すべての人のものだ」といっています。

一九一四年に第一次世界大戦が勃発すると、当時四十四歳のアドラーは徴兵は免れましたが、軍医として参戦しました。戦場での過酷な現実を経験したにもかかわらず、アドラーは他者を、敵ではなく、必要があれば自分を援助する用意がある仲間と見る共同体感覚の思想に到達しました。

社会主義に関心があったアドラーは、当初、政治改革によって社会を変えていくことを目指していましたが、やがて政治の現実を目の当たりにして、政治ではなく、育児と教育によって、個人の、ひいては人類の救済は可能だと考えました。

第一次世界大戦後、ウィーンは荒廃し、青少年の非行と犯罪が社会問題化する中、アドラーは、この考えにもとづいて、ウィーン市に働きかけ児童相談所を設立しました。

この児童相談所は、子どもや親の治療の場としてだけではなく、教師、カウンセラー、医師などの専門職を教育する場としても活用され、カウンセリングは公開の場で行われました。アドラーの教師に寄せる期待は大きいものでした。育児と教育はアドラー心理学の核であるといえます。

やがて、ナチズムの台頭によるユダヤ人の迫害を怖れたアドラーは、活動の拠点をヨーロッパからアメリカに移し、新天地で精力的に講演し、次々に出版される著作は好評を博しました。「子どもたちが、手を膝の上で組んで、静かにすわっていなければならず、動くことを許されないような学校はもはやない」（『個人心理学講義』）というアドラーは、アメリカで自らの理想が実現されることを期待したように見えます。さらにヨーロッパ諸国においても講演活動を行いましたが、スコットランドのアバディーンで心筋梗塞で急死しました。六十七歳でした。

アドラー自身は、ヒトラーが第二次世界大戦を引き起こす前に生涯を終えていますが、多くのアドラー派の人たちは収容所に送られ、その意味でアドラー心理学は一度アウシュヴィッツで滅んだともいえます。

戦後は、アドラーに師事し、後にアメリカに渡ったドライカースが、シカゴを中心にアドラー心理学の普及に貢献し、今日アメリカだけではなく、世界中で実践されています。

アドラーの思想は、時代を一世紀先駆けしていると評されることもありますが、アドラーの没後一世紀以上を経過した今日でも、時代はアドラーに追いついていないように見えます。人類は、いまだアドラーが構想した世界を現実には見ていないのです。

幸福についてのアドラーの見方を理解するために、最初に四つの点について簡単に見ておくことにします。

対人関係論

人は一人で生きているのではなく、〈人の間〉に生きています。一人で生きているのであれば、言葉もいらないでしょうし、自分の考えを筋道立てて伝えるための論理もいらないでしょう。

私たちの言動は、誰もいないいわば真空の中で行われるのではありませんから、言動の意味を、それが向けられる人との関係の中で見ていくことがアドラー心理学の大きな特徴です。

この相手は、当然のことながら、自分の意のままに動くわけではありませんから、自分にとってしてほしいことはしないで、してほしくないことをするということはよくあります。そのような時、私たちは心穏やかでいるわけにはいかず、悩み、苦しむことになります。そこで、アドラーは、人間の悩みはすべて対人関係の悩みであるといっています（『個人心理学講義』）。

幸福について考える時に、対人関係についての考察は不可欠です（第三章）。

全体論

アドラーは、自分が創始した独自の理論を「個人心理学」と呼びましたが、その原語(Individualpsychologie)で使われる「個人(の)」(individual)は、「分割できないもの」(ラテン語ではindividuum、divideできない)という意味です。個人心理学は、分割されず、統一された全体としての個人を考察する心理学という意味になります。そこで、アドラーは、人間を精神と身体、感情と理性、意識と無意識とに分けるようなあらゆる形の二元論に反対しました。

例えば、心の中に相反した判断をする二つの部分があって、一つの部分は、食べてはいけないといい、もう一つの部分は食べてもいいというような葛藤状態にあるというふうには考えないのです。

また、普段は冷静な人が、例えば子どもを叱りつけたり、人を傷つけたという時に、「激情に駆られカッとなったから」というふうには考えません。そうではなく、全体としての私がある行為を選ぶのであって、その選択には責任があるというふうに考えます。それを心の中の葛藤、あるいは、感情への屈服を理由に曖昧にしてはいけない、とアドラーは考えるのです。

目的論

このような分割できない全体としての個人が、何らかの目的を立て、その目的を達成するために行動するとアドラーは考えます。普通は、人が何かをする時、その行動をいわば後押しするような原因を考えますが、そのようには考えません。

例えば、怒りにかられて大声を出すのではなく、大声を出すために怒るのです。不安なので外に出られないのではなく、外に出ないために不安という感情を創り出すと見るのです。

何かをする、あるいは、しないという目的がまずあって、その目的を達成する手段を考え出します。怒りという感情が私たちを後ろから押して支配するのではなく、他の人に自分のいうことをきかせようとして怒りを使うのです。また、悲しみの感情を他の人からの同情を引くために創り出すのです。

自分の行動を正当化する理由が後で考え出されることもあります。学校や会社に行きたくないと思った人は、学校に行かないことを自分もまわりの人も認められるような理由を考え出します。前の晩、遅くまで起きていたとか、よく眠れなかったといえるでしょうし、実際にお腹が痛くなったり、頭が痛くなるという症状が現れることもあります。子どもがそのような症状を訴えれば、親は子どもを無理に学校に行かせるわけにはいきません。

そこで、親は子どもを休ませると学校に連絡します。すると、晴れてその日学校に行かなくてよくなった途端、子どもの症状はたちまちよくなります。子どもが嘘をいっていたわけではありません。実際に、お腹や頭が痛かったはずなのですが、そのような症状が必要ではなくなったのです。

大人の場合は、もう少し手が込んでいますが、基本的にはこれと同じです。その実際の例については少しずつ話しますが、ここでは、例にあげた子どもについていえば、子どもはまず学校に行かないという目的を立て、そのことを可能にする、つまり、親が納得するために必要な症状を創り出したという見方を理解してください。

どんなことについても、したくないということが最初にあって、理由は後から考え出されます。アドラー派のカウンセラーに「できない」といったら、「したくないのですね」

といわれるかもしれません。

どうすればシンプルで幸福に生きることができるかということの鍵は、これまで考えたこともなかったような見方をすることにあります。それは原因論的発想から脱却し、目的論的に考えていくことなのですが、あまりに原因論的にものごとを考えることに慣れ親しんでしまっているので、行動や感情などについて、その目的が何かを見ていけるようになるためには、トレーニングが必要です。

基本的な考え方を二つだけ指摘します。

一つは、怒りや不安についていったように、感情がわれわれをいわば後ろから押すのではなく、したがって、自分では感情に対してどうすることもできないということは〈ない〉ということです。

感情に限らず、何かに強いられ、自分ではどうすることもできないということはありません。なぜなら、すべてのことは、自分で決めているからです。自分ではどうすることもできなかったと考えたい人はあります。そのような人には、そのように考える「目的」があるのです。

次に、今の自分が不幸なのは、過去に原因があるのでは〈ない〉ということです。今の不幸の原因が過去にあるのなら、これから幸福になることはできません。タイムマシンに乗って、過去に戻ることはできないからです。過去にある原因を変えることはできません。しかし、未来にある目的は必ず変えることができます。

ただし、そのためには、まず、自分を変える決心が必要です。誰も不幸になりたいと思っているわけではありません。しかし、後に見るように、幸福ではなくても今のままのほうがいいと思っている人はあります。今のままではだめだ、何とか、今の自分を変えようという決心ができるためには勇気がいります。

変わる決心ができれば、次に、どう変わるかを知っている必要があります。どう変わるかが目標になります。一つ一つの行為は、それが自分のためになることを目指しています。そして、それらの行為の究極の目的が幸福なのです。

ところが、その幸福を達成するための手段を選択する時に誤ってしまうのです。幸福になるということがどういうことなのか、そして、そのためには何をすればいいかも、これから考えていきましょう。

ライフスタイル

私たちは一人で生きているのではありませんから、対人関係をもっぱらその内容とする課題（アドラーのいう「人生の課題」）があり、それを解決しないでいることはできません。

ところが、この世界は危険で、他の人のことを油断していれば自分を陥れるかもしれない怖い人、アドラーの言葉でいえば、「敵」と思うか、反対に、他の人のことを、必要があれば自分を援助する用意がある「仲間」と思うかでは、この人生や世界がまったく異なったものに見え、人生の課題の解決の仕方も異なったものになります。

このように、自分や他の人をどう見るか、あるいはアドラーの言葉を使えば、どう意味づけるかということ、また、自分が直面する問題をどんなふうに解決しようとするか、あるいは、解決しないかということは、普通には「性格」という言葉で表現されますが、性格という言葉から連想される〝生まれつき〟のものではなく、また、変えにくいものでもないことを強調するために、「ライフスタイル」という言葉を使うことにします。

アドラーは、このライフスタイルを自分で選んだと考えます。ライフスタイルを自分で選んだと考えるところが、アドラー心理学の基本です。アドラー自身は、このライフスタイルは、二歳には認められ、遅くとも五歳には選び取られるといっていますが（『生きる意味を求めて』）、現代アドラー心理学では、十歳前後だと考えています。

ライフスタイルをいつ選んだかはともかく、長年、そのライフスタイルによって自分や世界を見てきていると、今の自分のライフスタイル以外のライフスタイルがあることすら知らないということはありえます。しかし、最初の選択が無意識的なものであったとしても、自分で決めたのですから、今から決め直すことは可能です。

先に、不幸なままのほうがいいと考える人がいるということを指摘しましたが、このような人はライフスタイルを変えないでおこうと決心しているのです。不便であり不自由であっても、長年、慣れ親しんだライフスタイルのほうがいいと思っているわけですから、この変えないでおこうという決心を解除することは容易ではありません。それまでのライフスタイルでは生きられないというところまで追い詰められなければ、なかなかライフスタイルを変えられないといっていいくらいですが、それでも、ライフスタイルは何かによって決められたのではなく自分で決めたのですから、今決心すればライフスタイルを変えることができるのです。

なぜライフスタイルを変えるのか

自分や世界をどう見ようが、人それぞれではないかと考える人はいると思います。しかし、もしも人が幸福になりたいのであれば、どんなライフスタイルであってもいいというわけではありません。先にも見たように、人は幸福になりたいと願っていても、それを実現する手段を選択する時に誤るからです。

そもそも、このライフスタイルを自分が不幸であることの原因にすることはできません。なぜなら、ライフスタイルも自分で選んだのですから。

非常にシンプルに、アドラーが幸福についていうことをライフスタイルに関連づけてまとめると次のようになります。

〈人生が複雑なのではなく、私が人生を複雑にしている。そのため、幸福に生きることを困難にしている。人生についての「意味づけ」（ライフスタイル）を変えれば、世界は信じがたいほどシンプルになる〉

世界は信じがたいほどシンプルになるという言葉は、アドラーとウィーンで仕事をしていたリディア・ジッハーの言葉から引きました（私には印象的なエピソードなので、著書『アドラー心理学入門』の中でも引きました）。

ジッハーは、ある土曜日、『神経質的性格について』というアドラーの本を読み始めました。月曜日も祝日でした。

「ひどく暑い日でしたが、私は一人でいられることを幸せに思いました。私はアドラーの本を最初から最後まで三回ほど読みました。

火曜の朝、私は椅子から立ち上がりました。世界は違っていました……アドラーは私に教えてくれました。世界は信じがたいほどシンプルだ、と」（Manaster, Guy et al. eds., *Alfred Adler: As We Remember Him*）

意味づけというのは人生や世界、あるいは自分をどう見るかということです。人は同じ経験をしても、その経験にまったく同じ意味づけをすることはありません。ただ苦しいと見る人もいれば、苦しいけれどもその経験から学ぶことも多いというふうに見る人もいます。まわりの人は怖い人ばかりだと見る人もあれば、自分はまわりの人に守られていると感じている人もあるでしょう。

このように、人によって意味づけの仕方はさまざまです。このことを幸福の問題と関連させて、「要は気の持ちようなのか」と思う人もいるかもしれませんが、それは違います。アドラーは、苦しい人生が気の持ちようによって楽になるといっているのではありません。

気の持ちようで幸福になれるというのであれば、現実とは関係なく、主観的に幸福だと感じられればいいのであり、また、他の人から幸福だと思われるだけでも幸福と感じることも可能でしょう。しかし、食べるものについて、甘いとか辛い、苦いというようなことなら、人によって、感じ方が違っていても大きな問題にはならないでしょうが、ある食べ物が身体にいいか、有害かというようなことについては、主観で決めることはできません。幸福も、人から幸福だと思われているだけでは意味がありません。実際に幸福でなければ意味がないでしょう。

世界や自分についての意味づけが変われば、世界との関わり方、行動までもが変わらざるをえないのです。どんなふうに意味づけを変えることで人は幸福になれるのか、意味づけを変えることで世界や他の人との関わりがどう変わるのか、これから考えていきましょう。

このような意味づけとしてのライフスタイルを、もしもアドラーがいうように私たちが、四、五歳頃に選んだのであれば、「その年頃は、まだ言葉の発達は十分ではない。そんな時にライフスタイルを選び取ったとしても、選択したことの責任を取れないのではないか」という反論はあるでしょう。
アドラーはこういいます。自分のライフスタイルを「今」知ってしまったら、「その後」どうするかは、知った本人に責任が生じる、と。アドラーの言葉を引いてみましょう。
「〔ライフスタイルの〕誤りを正すために協力するよう説得することに成功するや否や、そうする決心をするかどうかは個人に任される」(*Superiority and Social Interest*)
ここには私たちが幸福になるためのヒントが書いてあるのです。

第二章

幸福に生きるための自分との向き合い方

幸福とライフスタイル

先に、人は幸福という目的を目指すが、その目的を達成するための手段を選択する時に誤ると書きました。人が幸福という目的に向かっているということと、ライフスタイルとはどのような関係にあるかを最初に考えてみます。

両者は別のことではなく、ライフスタイルが違えば、何を幸福と見るかが違ってくるのです。厳密にいえば、何が幸福になることを可能にする手段と見るかが違ってくるということです。

そこで、何をすればいいのか、どんな選択をすればいいのかという判断をする時に、何が自分にとってためになるのか、あるいは、ならないのかという判断をする時の傾向やパターンをライフスタイルということもできます。自分が置かれている状況や関わる人が違っても、いつも同じようなことが自分にとってためになり、それを選べば幸福になれると考えて判断するのです。

自分が置かれている状況というのは対人関係ですから、その対人関係の中にあって、どんなふうに行動するかというパターンができてくるのであり、それをライフスタイルと呼んでいます。

この章では、ライフスタイルと幸福との関係を踏まえ、どうすれば、幸福に生きられるかを、ライフスタイルの面から考えてみます。

自分のこと、好きですか

カウンセリングにこられる人に「自分のこと、好きですか」とたずねると、ほとんど例外なく「嫌い」という答えが返ってきます。

例えば、携帯電話であれば、今使っている電話が気に入らなかったら、もっと新しくて高性能の機種を手に入れることができます。ところが、自分については、こんな自分は嫌だからといって、別の自分を手に入れることはできません。これから先も、死ぬまでこの自分とつきあっていくしかありません。今の自分が好きではなく、しかも携帯電話のように今とは違う自分を手に入れることができなければ幸福になれないのなら、私たちは決して幸福になれないことになります。

アドラーは、「大切なことは何が与えられているかではなく、与えられているものをどう使うかである」といっています（『人はなぜ神経症になるのか』）。これは、「今の自分が気に入らなくても我慢しないといけない」という意味ではありません。

「この自分を他の自分に変えることができないのであれば、この自分にそれまでとは違う意味づけをすることによって、同じ自分が違って見えるようにする」ということであり、これは自分を好きになるためにできる一つの方法です。

しかし、ここでひとつ重要なことを指摘しておかなければなりません。自分のことを好きになれないという場合、実は、好きにならないでおこうと自分で決めているということなのです。「自分にはこんなところがあるから、自分を好きになれない」のではありません。

他の人のことを好きとか、嫌いという場合のことを考えるとわかります。その人をどう見るかは、実は、自分で決めているのです。ある人が嫌いという場合、その理由をいうことは簡単です。彼や彼女の優柔不断なところが嫌いだとある人はいいます。しかし、その人は、同じ人について、以前は、やさしい人と見ていたのであり、支配的でないところが好きだったのです。また、几帳面できちんとしているところが好きだと思っていた人が、後になって、細かいことにこだわるうるさい人に見えるようになるのです。また、大らかだと思っていた人が、無神経な人に見えるようになります。

今、最初とは違うふうに「見えるようになる」と書きましたが、実のところ、「違ったふうに見ることに決めた」というのが本当です。人が変わったのではなく、人を見る目が変わったのです。

そのように見方を変えることには目的があります。何のわけもなく、ある日突然誰かのことがそれまでとは違うふうに見えるようになるのではありません。他の人についての見方を変えることの目的は、その人との関係をやめることです。それまで好きだった人のことを突然好きでなくなるということを自分で認めたくない人は、相手が変わってしまったと思えれば、その人との関係をやめようと決心したことを正当化できるわけです。

自分についても、これと同じことがいえます。自分のことを好きにならないでおこうという決心を最初にしているのです。そのように決めているからこそ、自分の長所は少しも思い当たらず、短所ばかりが目につきます。自分を好きにならないために、長所を見ないで、短所ばかり見ようとするのです。

それでは、なぜ、自分を好きにならないでおこうという決心をするのでしょうか。他の人について見たことからわかると思うのですが、端的にいえば、人と関わらないでおこうと決心するためです。

誰かといい関係を築こうと思っても、相手に嫌われることはありえます。そんなことなら、初めから関わりを持たないでおこうと考えれば、自分の短所をいくらでも見つけることができます。自分にはこんな短所があるから、誰も自分のことを認めてくれないと思います。こんな短所があるから、好きな人に自分の気持ちを打ち明けることができないと思います。

自分が認められなかったり、好きになってもらえないことは辛いことですし、そんな自分を不幸だと思うでしょうが、実は、不幸であることを自分が選んでいるといえます。ライフスタイルというのは、先に見たように、対人関係の中で、どう行動するかというパターンです。こんな自分は嫌だと思っていても、いざライフスタイルを変えるとなると、怖くなります。なぜなら、ライフスタイルを変え、それまでとは違ったふうに行動しようと決心すれば、次の瞬間にたちまち、何が起こるかわからなくなってしまうからです。そこで、不便でも不自由でも、それまでの自分のライフスタイルに固執するのです。

自分がひそかに好意を持っている人がすれ違いざまに目を逸らしたのを見て、避けられたと思う人は、避けられたのでその人に自分の気持ちを打ち明けることを断念するのではなく、関係を進展させないために避けられたと思うのです。このような人は、自分で幸福になる道をふさいでいるように見えます。

他の人との関係を何とか回避しようとする人は、自分のことを好きになってはいけないと決心しているわけですから、そのような人が、自分のことを好きになって、幸福になることは簡単ではありません。今は、たとえてみれば、他の人に背を向けているのですから、身体ごと他の人に向き合わなければ、すぐ後に見ますが、短所を長所に置き換えてみても十分ではありません。人と関わらないでおこうという決心を翻《ひるがえ》さない限り、今の自分を肯定的に見られるようにはならないのです。

どうしたら自分を好きになれるか

このように、自分を好きになれなければ幸福にはなれないのですが、自分を好きにならないでおこうという決心を解除するためにはどうすればいいでしょうか。

一つは、前章で見たように、ライフスタイルは自分で選んだということを知ることが必要です。自分で決めたのですから、自分で決め直すことができます。自分には短所、あるいは欠点があって、それが原因で自分を好きになれないというよりは、自分を好きにならないでおこうと自分で決めていて、そのために短所にばかり目をやっているというのであれば、決心を解除すればいいだけですから、決心を翻すことは難しくないと考えることもできます。

次に、今までのライフスタイルとは違うライフスタイルがあるということを知る必要があります。ただ漠然とこんなライフスタイルでは嫌だというのではなく、今、自分が選んでいるのとは別のライフスタイルがあり、それを選べば、最初は慣れなくても、シンプルで幸福に生きることができると確信できれば、変わることができます。

自分を測る二つの基準

大ざっぱないい方になりますが、人は自分を測る基準を二つ持っています。一つは、勉強ができるかできないかということです。今の時代、このことに関心を持たないわけにはいきませんし、小さな子どもでも、親が早い時期から受験勉強を強いるような場合は、自分が勉強ができるか、できないかということに関心を持たないわけにはいきません。

しかし、小学校を受験するというような事情がなければ、小学校に入る前は、この基準とは関係なく生きられます。子どもたちにとっては平和な時代といえます。大人になれば、勉強からは解放されてこの基準とは関係なくなるかといえば、そういうわけにもいかないでしょう。仕事に就いてからも必要な試験を受けたり、仕事ができるか、できないかという基準で自分を測ることになるからです。

自分を測るもう一つの基準は、友だちが多いか少ないか、あるいは、友だちを簡単に作れるか、作れないかということです。友だちを簡単に作れて友だちが多く、社交的であれば明るいといわれます。「明るい」の反対は「暗い」ですが、一般に明るいことがよいことだとされます。

この二つの基準のうち、どちらか一方に自信があればいいようなものですが、そんなに簡単なことではありません。

友だちは多くはなく、明るくないが、勉強はできるからいいと思っていても、学校の勉強はたちまち難しくなってしまい、交友の面だけでなく、勉強の面でも、他の人より劣っていると思ってしまうとしたら辛いものです。

反対に、勉強はあまりできないけれど、友だちは多いと思っていたのに、友だちがいなくなるということもありえます。次章で見るように、友だちとつきあっていくことにも努力が必要で、人柄だけで人が集まるわけではないからです。

今までの自分を見直す

ライフスタイルを変えるといっても、それまでどちらかといえば控えめだった人が、一夜にして、能天気で明るい人になることは、実際にはあまりないでしょう。

しかし、自分のことを暗いと思っている人でも、自分についての見方を変えることは可能です。私は小学生の頃、私は人からひどいことをいわれ、嫌な思いをしたことがたびたびあったのですが、少なくとも故意に人を傷つけるようなことをいったことはなかったと、ある日思い当たりました。自分が嫌な思いをしたので、どんなことをいえば人が嫌な思いをするかがわかっていたからです。

まわりの「明るい」人は平気でひどいことをいうけれども、自分は、いつも人の気持ちを考えていて、こんなことをいえば、それを相手がどう受け止めるかということに常に心を配っていたことに気づいたのです。

それなら、私は「暗い」のではなく、「やさしい」といっていいのではないか。こんなことを自分についていうのはためらいますが、カウンセリングで会う、かつての私のような若い人たちにはこの話をよくしました。

もちろん、ここで明るくないとだめだといっているわけではありませんが、暗いということを否定的に見てしまうと、自分は暗いと思っている人は自分を好きになれないので、暗いことについて違った見方ができないものかと考えたのです。やさしい自分なら好きになれますね。

私は自分でも自分が好きでないのに、どうして他の人が自分のことを好きになるだろうとたびたび思いました。もちろん、自分のことを好きになっても、他の人が自分を好きになるかはわかりませんが、少なくとも自分が自分のことを好きであれば、そのような自分を他の人が好きになる可能性は、自分のことを好きではない時よりも高くなるでしょう。自分のことを好きになり、人との関係の中に進んで入っていこうとしなければ、何も起こりません。

他の人からの評価にとらわれない

自分のことが好きでない人でも、面と向かって自分の短所を指摘されると嫌な気持ちになります。人からの評価を気にかける人は多いでしょう。しかし、人からよくいわれたら喜び、悪くいわれれば悲しんだり、憤慨《ふんがい》するというのは、おかしな話です。人の価値は、他の人からの評価に依存しません。悪い人だといわれるから悪い人になるのでも、反対に、よい人だといわれるからよい人になるわけでもないからです。

他の人からの評価を気にかけるというのは、人が自分について持つイメージに合わせようとすることです。これはちょうど自分の生き方について、自分がしたいことは脇へ置いておき、他の人の期待に合わせて生きている人と同じです。しかも一人だけではなく、複数の人の期待を満たすために生きようとすれば、かなり無理をしなければならないのは明らかです。絶えず、人の顔色を見て生きなければならないからです。

しかも、このような努力をしても、結局のところ、他の人が自分をどう思うかを気にして人に合わせてばかりでは、不信感を持たれることになってしまいます。相容れない考えを持っている人や、互いに敵対する人のいずれにも忠誠を誓っていることが発覚するからです。

ありのままの自分でいよう

さらに、自分を実際よりもよく見せようとはしないことが大切です。自分をよく見せようとことさらに努力しなくても、今のあなたをありのままで受け止めてくれる人はいるはずです。他の人からの評価を怖れる人は、そのような人がいることを信じられないのです。その上、誰も自分を正当に認めてくれない、とまわりの人をよくは思っていません。

今の自分とは違う自分になろうと努力することは大切ですし、そうすることは必要でもありますが、今の自分とは違う自分になる努力が、他の人からの評価を怖れ、他の人に合わせるためのものであれば、たとえ努力して変わることができたとしても、自分が自分ではなくなってしまうことになります。

「自分が自分のために自分の人生を生きていないのであれば、いったい、誰が自分のために生きてくれるのだろうか」というユダヤ教の教えがあります。自分が人生の主人公なのであって、他の人の人生の舞台に立つ脇役などではないのです。これは生き方についていっているのですが、他の人からの評価を怖れ、その評価に合わせようとするのであれば、自分の人生を生きていないといえます。

自分に違った光を当てる

おそらくは、多くの人は、子どもの頃から、親からよくいわれてこなかったのでしょう。なぜなら、短所や欠点、あるいは問題行動のほうが、長所よりも容易に目につくからです。子どものことで相談にこられる親は、子どもの短所や欠点についてはいくらでも話をされますが、長所についてたずねると、それまでとは打って変わって、言葉がまったく出てこなくなります。

そのような親に育てられると、子どものほうも自分の短所についてはいくらでもいえても、長所はなかなか思いつかなくなってしまっています。親からの影響ではなくても、自分の長所をいうことは一般にはよくは思われていませんから、人前で自分の長所をいうと引かれてしまいます。

私の友人が、ある日、「私は頭がよくて話が上手だ」と話すのを聞いて驚いたことがありました。そんなふうにあっけらかんとして自分の長所をいってもいいのだということを知って驚いたのでした。誰かに指摘されなくても、自分で自分をよく見ていいのです。たとえ、そのようにいうことを誰かがよく思わなくても、気にかけることはありません。

例えば、先に見たように、自分のことを暗いのではなく、やさしいと見ることができます。また、自分は飽きっぽいのではない、そうではなくて決断力があるのだというふうに見ることができます。本を読み始めた時、その本が今の自分には必要ではないことがわかれば、その本を閉じる勇気を持たなければ、時間の無駄になります。ですから、まわりの人には飽きっぽいとしか映らないとしても、自分は自分に決断力があると見ていいのです。また、自分は臆病だと思う人は、臆病なのではなく慎重であり、集中力がないのではなく散漫力があるというふうに自分を見直すことができます。

私が高校生の時、私に友人がいないことを心配した母が、担任の先生にそのことについて相談をしました。先生は、いいました。「彼は友だちを必要としないのです」。これが親を大いに安堵させ、その話を母から聞かされた私もなるほどそんなふうに見ることができるのだ、と驚きました。友人がいないということに、先生は違う光を当てたのです。

背が低いことで悩んでいたことがありました。友人に相談したところ、一笑に付されました。もしもその時、それは大変だったね、というようなことをいわれていたら、自分がそれまで身長のことでどんなに辛い目にあってきたかを話したことでしょう。

しかし、友人の対応はそのようではありませんでした。自分のことをわかってもらえないように思いましたが、しかし、よく考えてみれば、外見は人間としての価値をいささかも損なうはずはありません。その時、私は、身長のことを問題にすることで、他の人と関わることを避けたことに気がつきました。

友人は、こんなふうにあっさりと私の訴えを斥《しりぞ》けたわけですが、しかし、同時に、こういいました。「君には人をくつろがせる才能がある」と。もちろん、これは外見的なことだけをいっているのではないと思うのですが、自分でも他の人に圧迫感を与えることはないと思いました。この友人の言葉を聞いて、自分もまんざら捨てたものではないと思えるようになりました。不思議に、こんなふうに自分をそれまでとは違ったふうに見られるようになると、背が低いことが少しも意識に上らなくなりました。

自分について否定的な見方をするのは、前述したように、他の人と積極的に対人関係を持たないようにするためです。自分について先に見たような仕方で見直しをすることで、自分に価値があると思えるようになることは、対人関係を怖れないために必要です。

属性付与を受け入れる必要はない

ところで、親は子どもに最初から短所や欠点ばかりいうわけではありません。私は、子どもの頃、祖父からよく「お前は頭のいい子だ」といわれていたのを思い出します。こんなふうにいわれて嫌な思いをしたわけではありませんが、問題は、例えば、親が子どもについて「あなたはこんな子だ」とその性質を決めてしまう時（これをレインという精神科医は「属性付与」と呼んでいます）（Laing, R.D. *Self and Others*）、それは事実上、「命令」になってしまうということです。「あなたはいい子ね」と親が子どもにいう時、その言葉は、「あなたはいい子でありなさい」という命令です。

この親からの事実上の命令に、それが命令であることにすら気づかずに従う子どももあれば、命令に従わず、親の期待を満たす必要はない、と考えるようになる子どももいます。

私の場合は、「お前は頭のいい子だ」という祖父からの属性付与に応えることができなかったのでした。応えられない、と思い込んだというのが正確です。

祖父は、まだ小学校に上がる前の私に、「京大へ行け」といつもいっていました。もちろん、そのことの意味をわかっていたとは思わないのですが、小学生になって初めてもらった通知表を見たところ、算数が3だったので、こんなことでは京大には行けないと思ったのでした。自分は勉強ができないという思い込みから抜け出すには長くかかりました。

このような親をはじめとする他の人からの属性付与を受け入れる必要はありません。他の誰が何といおうと、自分はこうだ、といっていいと思うのです。人の期待に合わせたり、期待を満たすために生きているわけではないからです。

例えば、恋人との結婚に親が反対している場合を考えてみましょう。親が、あなたがあんな人と結婚しようとするとは思ってなかったという時、親は子どもについて、こんな子どもであってほしいという期待を持っているのであり、その親が子どもに自分が期待する属性を押しつけようとしているわけです。

このような場合、親の期待を満たす必要はなく、親が付与しようとする属性を斥けてもいいと私は思うのです。親は嘆き悲しむかもしれませんが、その感情は親が自分で何とかしなければならないのであって、子どもはどうすることもできません。

ところが、親を悲しませないために親に従う、つまり、親が認めない彼や彼女との結婚を断念するという人がいるのです。このような人は、親のいうことは何でも聞く、やさしい子どもという属性付与を受け入れようとしているわけです。

しかし、このように親の意向に従って、自分が望む結婚を断念したり、親の勧める結婚をしても将来後悔することは当然ありえます。それにもかかわらず、自分の思いを撤回して親に従う決心をするとすれば、そうすることには目的があります。自分で決めることによって起こる責任を引き受けず、もしも親の考えに従うことでその後の人生がうまくいかなかった時に、その責任を親に転嫁するためです。

もちろん、親をはじめ他の人に従わず、自由に生きようとすれば、たちまち嫌われたり、大なり小なり摩擦が生じるかもしれませんが、嫌われることは自由に生きるために支払わなければならない代償であり、逆に、誰かが自分を嫌っているとすれば、それは、自分が自由に生きているということの証であるといえます。

嫌われることもある

過食症の大学生がいました。彼女はある日、前の年に、大学に十日間行けなかったことを思い出すと今も心が痛むといいました。

大学生が大学に十日間行けないということを気に病むことが、私には不思議に思えました。よく聞けば彼女の母親は厳しい人で、大学に行かないで昼間彼女が家にいることを許さなかったのでした。彼女はやむなく家を出るのですが、大学には行けないので、家の近くにある公園や喫茶店などで昼間過ごし、夕方何食わぬ顔をして家に帰るという日が十日続いたそうです。

学校を休んでいいというのではありませんが、こんな時はもっと強く自分の意思を主張していいのではないかと思いました。私には彼女が過食症になったのは、他のことはともかく、親といえども、私の体重だけはコントロールさせないという意思表明に思えました。

過食症などの神経症には、その症状が向けられる「相手役」がいます。この大学生の場合は、母親が相手役でした。症状によって、その相手役である母親から何らかの応答を引き出そうとしたのです。

そうであれば、彼女はそんなふうに自分の身体を痛めつけなくても、親にひと言「行かない」といえばよかったのです。「いい子であれ」という親からの期待、もしくは命令に応えなくてもよかったのです。

自分の内なる声

そんな彼女が、ある日、髪の毛を真っ赤に染めました。私は驚いて、「さぞかしお母さんは驚かれたでしょうね」といいました。

「はい、母は見苦しいから家では三角巾をつけなさいといいました」

「それであなたはどうしたのですか？」

「母のいうとおり、三角巾をつけていました」

「それからどうなりました？」

「三日目に、どうしてこんなことしないといけないのだろう、と思いました。それで三角巾をするのを止めたのです。でも、母は何もいいませんでした」

親を失望させないでいい子でいなさいという声は、たしかに最初は、実際に母親などの外からの声だったのに、いつのまにかそれが内なる声に変わったのでしょう。

親の期待に違《たが》わずいい子でいたいというのは、最初は親からの要請に応えた願いだったのでしょうが、いつのまにか、「いい子でいるべきだ」という規範になって自分を縛ることになってしまったのです。

親は子どもが親の期待に反する行動をすれば、子どもが反抗したと考えるかもしれませんが、これは「反抗」ではなく「主張」です。若い人は、主張するのが上手ではないように思います。大人から問題行動に見えることをしたり、神経症になることで、自分だけが不利な目にあうという方法しか知らないように見えるからです。

社会からの圧力

このようであれという命令は、親からだけでなく「社会」あるいは「世間」からされることもあります。ことに若い人の前には、社会は無言の圧力となって立ちはだかります。

ある時、新幹線の中で、隣にすわっていた一人の青年が私に話しかけてきました。

「大人たちは、僕に社会適応しろというのです。でも、そうすることは、僕の死を意味します。どうしたらいいですか」

人は一人で生きているわけではありませんし、社会の中に生きているわけですから、ある程度の制約を受けることは、いたしかたないともいえます。

昔は「個人は社会のためにある」とされていた時もありました。ギリシアの盗賊であるプロクルステスは、捕まえてきた旅人を自分のベッドに寝かせ、もしも身体がベッドよりも短ければ無理に引き延ばし、逆に長ければ、ベッドからはみ出た部分を切り落として殺したといわれています。

しかし、今の時代、「個人は社会のためにある」というようなことを手放しで納得する人は少ないでしょう。アドラーも、個人をいわば社会というベッドに無理に寝かせるというようなことを認めていません。

それでもこの青年のように、社会に適応することを求められているように感じ、そのことで、無理を強いられていると思っている人は少なくないように思います。無理を強いられていると感じることは、私たちが、他の人のではなく自分自身の人生を生きようとすれば、避けられないことかもしれませんが、社会からの無言の圧力によって、今、本当に自分がしたいことができていないのではないかと問うことは大切なことだと思います。

「自分が好きなことをしていていいのか」と問われたら（そんなことを問う人があるのかわかりませんが）「いいのかどうかわからないけれど、私の人生だから」と私なら答えるでしょう。誰も他の人の期待を満たすために生きているわけではないのです。

他の人が不当に自分の人生に干渉してきたとしても、そのような働きかけを拒むことはできます。たとえ、それが親であってもです。若い頃、教えていた高校生がある日、進路を決めようとする父親に「私の人生だから私に決めさせてほしい」といった話を今も折に触れて思い出します。

そのままのあなたでいい

以上のことを受けて、ここで二つのことを考えてみようと思います。

一つは、ありのままの自分でいようという決心をしてほしいと先に書きましたが、そのことは「自分は何もしなくていい」という意味ではないということです。ありのままの自分でいようといったのは、あくまでも他の人からの評価に一喜一憂しないで、人がどう見るかという、人の自分についてのイメージから自由になるということです。

親であれ、社会であれ、人が自分に持っている、あるいは持つべきだと暗に、あるいは、はっきりと命令するイメージに合わせないことには勇気がいります。そのイメージは、他の人が自分について持つ期待ということもできるからです。そのようなイメージに自分を合わそうとしなければ、自由になることができます。

また、他の人の目を気にして、自分を実際以上によく見せることはありません。このことは、現実のありのままの自分を見せるという決心をするということですから、勇気がいるというのは本当です。しかし、実のところ、人が自分をどう見るかということが気にならなくなり、このありのままの私でいいのだと思えた時、すでに大きく変わっているのです。自分を変えようとする努力を止めた時に、人はもう変わっているといっていいくらいです。

さらにいえば、他の人は自分に何も期待していないかもしれないのです。横断歩道を渡る時、車に乗っている人が自分をじろじろ見るのが嫌だといっていた人がいました。たしかに車に乗っている人が横断歩道を渡る歩行者を見るということはあるでしょうが、じろじろとは見ないでしょうし、信号が変わり交差点を渡りきった頃には、横断歩道を渡っていた人のことはすっかり忘れてしまうでしょう。もちろん、日常の対人関係はここまで極端ではありませんが、他の人が〈皆〉自分に期待しているというのは、思い込みにすぎません。

このようなわけですから、他の人の目を気にして、自分を実際以上によく見せることはありません。勉強や仕事についても、実際に学んだかどうかが重要なので、人にどう思われているかは問題にはならないはずです。仕事や勉強ができるというイメージが先行すると、それに合わせるのは大変です。悪い成績を取って評判を落とすことを怖れて、どんな方法を使ってでもとにかく結果を出そうとか、逆に結果が出ないように、つまり評価されないように、試験を受けない人もあります。つまらないことです。

そのままでいいのか

もう一つは、個人は社会のためにあるわけではないから、社会適応することはないといってみても、人はアドラーの言葉を使えば、社会的な、あるいは、対人関係的な文脈の中でのみ、個人になるのですから（『個人心理学講義』）、最初から、他の人との関係を離れて生きることなどできないということです。

本章で問題にしているライフスタイルも、言葉も、もしも私たちが一人で生きているのであれば、必要ではないのです。自分の考えや感情、また、してほしいことやしてほしくないことを他の人に伝えるためには言葉が必要ですし、ライフスタイルも、生まれつきのもので変わらないのではなく、誰を前にするかによって、微妙に、あるいは場合によってはかなり変わります。

本章では、幸福に生きるための自分との向き合い方を考え、一般に「性格」といわれるライフスタイルについて考えているのですが、ライフスタイルがこのように生まれつきのものではなく、対人関係の中で変わるのであれば、内面的な話に終始することはできません。

人からの評価に左右されないことは幸福になるために必要なことではありますが、評価される、されないはともかく、自分がどんなふうであり、どう行動するのかは、他の人との関係の中で決まってくるので、先に考えてきたのとは違う意味で、そのままではよくないこともありえます。

所属感は基本的な欲求

ところで、私たちの一番基本的な欲求は、所属感、つまり、自分が社会、職場、学校、家庭など何らかの共同体に所属しているという感覚、自分がここにいてもいいのだという感覚です。この所属感を得ることが、人の行動の目的であるということもできます。そこで、ここにいてもよいと思えるために、あえてその中で目立つことなく、他の人がいっていることが多少おかしいと思えても黙っていようと思う人もあれば、自分が所属したいと願う共同体の中で、問題行動をすることにより注目を得るという形で、所属しようとする人もあります。

アドラーは、所属感は、ただそこにいるというだけではなく、積極的に共同体と関わることによって得られると考えていますが、いったい、自分にとって満足のいく所属感を得るためにはどうすればいいのでしょうか。この問題は、今考えていること、つまりどうすれば自分を好きになれるかという問題に関係しています。

自分の見直し

アドラーは、「私は自分に価値があると思える時にだけ、勇気を持てる」といっています（Stone, Mark and Drescher, Karen, eds., *Adler Speaks*）。ここでいう勇気とは、対人関係に立ち向かう勇気です。

しかし、他方、自分が好きではないという人は、対人関係を避けるために、自分には価値がないと思い、したがって、自分を好きにならないでおこうと決心しているのです。ですから、自分に価値があると思えるようになる働きかけと、対人関係に取り組もうという決心の両面からのアプローチが必要になります。ただ勇気を持てといってみても、そのような精神主義的な働きかけは、受け入れられないでしょう。

そのままでいいというのは、すでに見たように、実際よりも自分をよく見せたり、人の期待に応えることを止めるという意味です。このことがすでに大きな変化をもたらすわけですが、人に合わせるのではなく、いわば等身大の自分こそが自分なのだということがわかれば、次にそのような自分から出発する必要があります。等身大の自分でいること、ありのままの自分でいることは到達点ではなく、出発点なのです。

自分の価値は他者への貢献によって得られる

先に、自分を好きになるために、短所を長所と見ることを提案しました。これは今の自分を他の自分に変えるわけにはいかないので、自分に違う光を当てるということでしたが、より積極的な方法があります。どんな時に自分を好きと思えるかを考えてみてほしいのです。それは、自分が役立たずではなく、誰かの役に立っていると思える時ではないでしょうか。

反対に、自分のことが好きになれないのは、自分が誰の役にも立てず、それどころか、自分は他の人の妨げになり、自分さえいなければ他の人は皆、仲良く楽しく生きられるのではないかというようなことを考えてしまう時です。

ですから、どんなことによってであれ、自分が他の人に役立っていると思えることを探してみたいのです。自分が何らかの形で貢献できたことを知れば、自分に価値があると思え、自分を好きになることができます。

先に所属感について見ましたが、所属感は自分が所属する共同体やまわりの人から与えられるだけでなく、さらに他の人に貢献することによって、ここにいてもいいと感じることができます。

与えるとか、貢献するというと、人のことよりも自分のことを考えないといけないと思う人がありますが、私は自己犠牲を勧めているわけではありません。たしかに、自己犠牲とまではいかなくても、あまりに社会に適応し、自分のことを後回しにする人はいます。

貢献する、あるいは与えるという時、私が考えているのは、自分を犠牲にしたり、後回しにするというようなことではなく、他の人のために動くことが自分にとって喜びであるということです。他の人に貢献することを自己犠牲だという人は、他の人のために動くことなど少しもしたことがない人ではないかと思います。

特別のことをいっているわけではありません。例えば、家族が夕食後ソファでテレビを観ながらくつろいでいる時、自分一人で食器を洗うことをどう感じるか、想像してみてください。私がいう貢献とは大げさなことではなく、そんな日常のささいなことです。もちろん、奉仕とか義務とはほど遠いものです。

なぜなら、それは強いられてすることではなく、あるいは他にしたいことがあるのにそれをしないで我慢してするようなことでもなく、自発的な営みであり、その行為によって何かを期待するようなことではないからです。

他の人がくつろいでいる時に、自分はくつろがないで家事をするようなことを苦痛に思ったり不満に感じたり、あるいは損で不当なことだと思う人はたしかにいます。そのような人は、自分だけが損をしていると思っていますから、その思いは態度に反映され、他の人にも強いてみても、誰も引き受けてくれません。

しかし、自分が食後に片付けをすることで、他の家族はくつろぐ時間を持つことができると考えてみてはどうでしょうか。自分は家族の役に立っているのだと感じられたら、そんな自分を好きになれることでしょう。家族の役に立てることこそ嬉しいと思って、鼻歌交じりで、貢献感をかみしめながら楽しそうに家事をすれば、他の家族も手伝ってくれるかもしれません。

貢献は自己完結的

ところが、なぜそう思えない人が多いかといえば、子どもの頃から受けてきた賞罰教育、とりわけ、ほめられて育ったことの影響であると私は考えています。人の役に立つようなことをする時に、自発的にではなく、ほめてほしいからという理由で行なってきたのです。その結果、「これだけやってあげたのに」と見返りを求めてしまう人が増えたように思います。感謝されることを期待するのはおかしいでしょう。

他の人から承認されれば、たしかに嬉しいでしょう。ですから、他の人に承認の言葉をかけてもらいたいという気持ちはわかります。しかし、自分を受け入れ、自分を好きになるために、他の人から承認されることが絶対必要かといえば、そうではありません。感謝されたり、ほめられたいと思って何かをしてみても、そのことに気づいてもらえないことはあります。気づいてもらえれば嬉しいですが、気づかれないことがあってもしかたありません。

私たちも他の人のしていることのすべてに気づき、声をかけられているかといえば、そうはいえないでしょう。それなのに、自分がしたことに気づかない人がいれば、たちまち腹を立て、二度と他の人のために何かをしようとはしないでおこうと決心するとすれば、それはおかしなことです。

承認されることを求めない人にとって、自分の行為は、それ自体で完結します。そのことで、他の人から承認されるとか、感謝されるということは問題にならないということとです。たとえ、他の人から承認されたり感謝されなくても、行為そのものに価値や意味があると思えるのです。

自分がしたことに見返りや感謝を求める人がいる一方で、誰も承認してくれなくても、見ていなくても、喜びを感じる人がいるというのも本当なのです。私はこのことを納得してもらうことをいつも難しいと感じます。そのように感じない人にとっては、他の人に役立っていると感じられる喜びを想像することは、冬の最中に真夏の暑さを、真夏に冬の寒さを想像するようなことだからです。

他の人から格別の注目がされなくても、貢献感があれば、自分には居場所があると感じられ、そんな自分が好きになれるのです。

人から「ありがとう」といってもらいたいのではありません。そのようなことを期待するのではなく、人のために何か役立とうという思いをことさらに意識するのでもなく、自分がしたいことをすることが人に役立つことになるというのがいいのです。自分がしたいことでも、それによって人に認めてもらおうという気持ちがあれば、そのような行為はただの自己満足でしかありません。

例えば、急な病気で入院した友人がいれば、見舞いに駆けつけるでしょう。その人のためというよりは心配でたまらないからです。自分が入院しているとして、誰かが、退屈していると思ったからきてやったなどといったとしたら嬉しくはないでしょう。

人からお願いされたことを引き受けること、しかも、嫌々ではなく進んで引き受けることは簡単なことではありません。自分がしたいこと、しなければならないことを後回しにしたくないと思うからです。そうであっても、ある日思い立って何かを頼まれた時に、「いいよ」と引き受けてみたら、思いがけず気持ちよく感じます。そんな時、他の人から何かを期待しなくても、自分が役立っているという気持ちになりますし、そんな自分のことを少しずつ好きになることができるようになります。

特別なことでなくても

ここで注意しておきたいことが二つあります。一つは、今、他の人からの注目、承認はいらないといいましたが、このことは、他の人、あるいはもっと広く社会との結びつきがない、あるいは必要がないということではありません。ことさら承認を求めなくても、人は他の人との関係の中に生きている限り、承認されているからです。誰からも認められず、孤立して生きている人はいません。

「他の人からことさらに承認される必要はない」、「絶え間なく注目されることは必要ではない」というのは、これは「行為」の次元でのことです。他方、「人は他の人との関係の中に生きている限り、たとえ何もしなくても他の人からの承認を受けている」というのは「存在」の次元でのことなのです。

もう一つは、自分自身について、特別なことをしていなくても、自分が他の人に貢献できている、と思ってよいということです。貢献することの重要性を強調しすぎると、実際に、貢献できない人はどうなるのかという問題が起こってきます。子どもには思いもよらないことかもしれませんが、親にしてみれば、子どもはそのままで貢献しているのです。たとえ、親の理想とは違おうが、問題があろうが、病気であろうが、子どもはそのままで貢献しているのです。

このことは、子どもでなくても、自分が愛している人について考えればよくわかるかと思います。その人がいるだけで十分であって、その人が自分に何かをしてくれたから好きというわけではないでしょう。同様に、「自分は何か特別なことをしていないけれど、他の人に貢献できている」と考えても構わないのです。もっとも、自分のことについては、このように思えるためには勇気がいります。

この問題は、後の章で老いや病気について考察する時に、もう一度取り上げます。

第二章

幸福に生きるための他の人との向き合い方

他の人をどう見るか

ここまでのことを振り返ると、このいわば私という道具は、他の道具に換えるわけにはいかず、ずっとこれからも使わなければなりません。ですから、自分を好きになれなければ、幸福にはなれません。

ところが、自分のことが好きでない人は多くいます。そして自分のことが好きではないのは、人との関係を避けたいからだということを見ました。また、自分のことを好きになるためには、自分の短所だと思っていたことを長所に見直すことも必要ですが、さらに、自分が人に役立っていると思えることが必要だということも見ました。

そして、そう思えれば、ここにいてもいいと感じることができるのですが、この所属感は、自分がここにいる、生きているということを出発点として、ただ他の人から与えられるだけでなく、他の人に与えることによって得られるということを見ました。

ところで、他の人が隙あらば自分を陥れ、自分を傷つけようとする怖い人だと思っていれば、他の人の役に立とうとは思えませんから、自分を好きになることも、所属感を持つこともできません。

そこでアドラーは、他の人は「仲間」である、と考えました。アドラーは「共同体感覚」という考えを打ち出しましたが、簡単にいえば、人は皆仲間（Mitmenschen）であり、そのような人と人とが結びついている（mit）ということです。

仲間であると思えるからこそ、その人に関心を持ち、さらには貢献しよう、協力しようと思えるのです。こうして、話は他の人をどう見るか、他の人とどう向き合っていくかという問題に入っていくことになります。

しかし、他の人は怖い人ではなく、必要があれば、私を援助しようとしてくれる味方、仲間、友人だと思うことは、それほど簡単なことではありません。たしかに自分のことは好きになれた、でも、他の人は怖い、信じられないという人は多いように思います。

話をする時に、緊張してうまく話せないと、他の人は自分を笑っていると思うかもしれません。しかし、自分が他の人の話を聞く時に、その人がうまく話せないとしても、はたしてその人のことを笑ったりするでしょうか。むしろ、私は、その人を応援したいと思います。

そのことに思い当たれば、自分が話す時に、言葉が出てこなくなったり、言葉がつかえたとしても、そのことで他の人が自分のことを悪く見ることはないことがわかるでしょう。

とはいえ、一度きりのことであっても、他の人を仲間と思えなくなるということはあります。私の経験からいえば、日頃は温厚な父が、小学生だった私を殴ったことを、ただの一度きりだったのに、いつまでも忘れることができませんでした。今から思うと、よほど父の気に障ることを私がしたからだと思うのですが、きっかけとなった出来事が何だったか、今となっては幸か不幸か覚えていません。

もっとも、こんなことがあったので、その後、父に親しめなくなったのではありません。この出来事をいつまでも忘れずにいたのは、父との関係を近くしないためだったのです。

特定の相手ではなく、漠然と他の人は皆怖いと見る人も、他の人に近づこうとはしませんし、他の人に何か役に立つことをしてみようとは思わないでしょう。この場合も、他の人が実際に怖いかどうかは重要ではなく、他の人と関わることを避けるために、他の人を怖いと見なそうと思っているのです。そのように思い、他の人と関わる事を避けたい人には、他の人のことを怖いと思うことを正当化する出来事が必要です。私の場合は、父に殴られたことが、その出来事ということになります。

問題は、この人生を生きていく限り、他の人と関わっていくことを避けることはできないということです。本章では、最初に、自分と他の人の関係について全般的に、次に、対人関係を意味するアドラーがいう「人生の課題」について考察します。

自己中心性からの脱却

第二章で、他の人の期待を満たすべく、自分を必要以上によく見せることはないということを述べましたが、私は他の人の期待を満たすために生きているのではないと主張するためには、他の人も自分の期待を満たすために生きているのではないことを認めなければなりません。

私は他の人の期待を裏切るかもしれませんが、他の人も自分の期待を裏切るかもしれないのです。他の人が自分の期待を満たしてくれなかったとしても、そのことが自分に実害を及ぼさないのであれば、何もいうことはできず、腹を立てるいわれはありません。

アドラーは、他の人は仲間であると考えるのですが、他の人を仲間だと思えないとすれば、他の人に誤った期待をしているということがあります。私はこれだけのことをしたのだから、他の人も同じだけのことをするべきだと考えてしまいます。この期待はさらに高じて、たとえ自分は何もしなくても、他の人は自分の期待を満たすべく、行動しなければならないと考えるのです。

このように他の人が自分の期待を満たさないからといって、他の人を仲間とは思えないとすれば、このような人が、自分にしか関心を持っていないのは、明らかです。

自分にしか関心がない人が、その対人関係においてどんな困難を持つかは後に具体的に見ますが、ここでは、自分にしか関心がない人は、必ず失望することを指摘しておきます。他の人から与えられることを当然と思い、他の人が自分に何をしてくれるかということにしか関心がないからです。このような人にとっては、自分は世界の中心であり、自分のまわりを世界が巡っています。

他の人への働きかけ

自分が他の人の期待を満たすために生きていないのであれば、他の人も、私の期待を満たすために生きているのではないということを見ましたが、それでは、各自が自分の思うとおりに生きられるかというと、そういうわけにはいきません。他の人にしてほしいこと、してほしくないことがあっても当然です。

そんな時には、他の人に働きかける必要がありますが、自分と同じ権利を持った他の人には、命令するわけにはいきません。命令というのは、相手が拒否する余地を残さないい方です。

「～しなさい」は明らかに命令ですし、「～してください」もいい方は柔らかくても、相手はこのようにいわれたら拒むことは難しいので、命令であることに変わりはありません。

そこで、お願いするしかありません。お願いは、命令とは違って、相手が拒むことができる余地を残すいい方です。「～してくれませんか」とか「～してくれると嬉しい（助かる）」というようにいうのです。お願いすれば、相手は命令された場合とは違って、多くの場合、快くお願いを聞いてくれるでしょう。

しかし、それはその人の好意であって、義務ではないので、断られることは当然あります。だからといって初めからこの人は自分の願いを聞いてくれないだろうとか、援助を依頼しても引き受けてくれないだろう、と決めつけないほうがいいでしょう。

以前、こんなことがありました。満員電車の中で、自分がすわっている隣の席に鞄を置いている若い人がいました。この人はこんなことをしたら人の迷惑になることがわかっていないのだろうか、と思ったものの、トラブルを怖れて何もいえなかったところ、そこへやってきた男性がその若い人にこういったのです。

「悪いけど、鞄のけてくれるか?」

若い人は驚いた表情をしましたが、「すみません」とすぐに席を空けたのでした。

言葉で援助を求める

してほしいことがあれば、きちんと言葉に出して伝えなければ、自分の思いは伝わらないということを改めて感じた出来事でした。

もしも相手が黙っていても、考えていること、感じていること、あるいは、してほしいこと、してほしくないことを間違いなくわかるのであれば、思いやりや気配りは美徳であるといえますが、実際には、そんなことはできないでしょう。

問題は、他の人が何もいわなくても、その人の思いや気持ちを察するべきだと考えている人が、同じことを他の人にも要求するということです。そして、もしも他の人が自分が求めていることを察することができなかったら、そのような人を責めるのです。しかし、黙っていれば、他の人が自分のことをわかってくれるとは思いません。

ですから、必要なことがあれば他の人に言葉で援助を求めればいいのです。もっとも、たとえ言葉で援助を依頼しても、自力でできることであれば、自分でしなさいと断られるかもしれません。

一人では生きられない

しかし、どんなことがあっても人から援助は一切受けないというのもどうかと思います。他の人を援助する一方で、自分の力だけでは解決できないことがあれば、他の人から援助を受けることを恥じることはありません。依存的で甘やかされて育った人には思いもよらないことでしょうが、何もかも自分一人で背負い込み途方に暮れている人もいるのです。

人は他の人からの援助なしに自力で生きることはできません。ですから、必要な援助は求めてもいいのです。一人で生きていけないということの意味は、人が生物として弱い存在であるということだけではありません。「人はもともと孤立して生きているが、必要があれば、他の人と関係する」というよりは、日本語の「人間」という言葉が表しているように、初めから「人の間」にいて、他の人との結びつきを離れて生きることはできないのです。

先に、私たちが他の人からの評価を怖れることの問題について見ましたが、他の人からの評価を気にするということがすでに、私たちが生きることに他の人が関わっているということを意味しています。

他の人を敵と見なしている場合でも、敵対するという形で、なお他の人と結びついています。そのような他の人を自分の意のままにすることはできませんし、当然、相手のほうにもこうしてほしいという思いがあるわけですから、ぶつかることも起こるわけです。

世界は危険なところか

問題はまわりにいるこの人やあの人ではないという人もいるかもしれません。身近にいる人は自分を援助してくれるが、目をもう少し遠くに向けると、この社会や世界は危険に満ちているように見えますし、皆がいい人ではなく、嫌な人もつきあうのが難しい人もいるかもしれません。新聞やニュースなどで報道される事故、事件、災害、戦争のことを見聞きすることで、人は「仲間」どころか「敵」であって、うかうかしていたら陥れられるかもしれない、この世界は危険なところだと考えてしまうかもしれません。

もちろん、この世界に危険がまったくないといえば嘘になるでしょう。しかし、そうだからといって、過剰な不安を煽るのは間違いですし、外の世界は危険なところであることを強調しすぎると、もともと外に出たくはなかった人が、世界が危険であることを外に出ない理由にしてしまいます。実際に、外に出て行かないということでなくても、積極的に人と関わろうとはしなくなるかもしれません。

新聞やニュースなどで知ったことを一般化して「人々は〈すべて〉私の敵である」とはいえないでしょう。危険なことはたしかにあるけれども、人を取り巻くこの世界はいつも危険であり、片時も油断してはいけないというふうに感じるのは行きすぎです。世界は危険ではないとまではいえなくても、そのようなことがあった時には、それまでにもまして、自分たちを守ってくれる人がいるということのほうにこそ、むしろ注意を向けてほしいのです。

私の祖父は、戦争中、顔に焼夷弾を受けて大やけどを負いました。治療のために通院している時、市電に乗ると、必ず席を替わってもらえた、と母はよく話していました。母の話には、今は昔とは違うという含みがあるように思ったのですが、今の時代になって人の善意はなくなってしまったかといえば、そんなことはありません。怖そうだったり、先にも見たように、無愛想に見える若い人でも、席を占拠している鞄をのけてくれるようにいえば、素直に応じてもらえますし、妊娠している女性を見て、率先して席を替わるのも若い人です。

私には何ができるだろうか

このような他の人との結びつきの中に自分が生きているということは、他の人にもいえます。時に他の人は敵対するように見えることがあっても、基本的には他の人との関係を離れて生きることはできないことを知ってほしいのです。

先に見たように、たとえ自分がただいるというだけであっても他の人から与えられており、ただ生きているだけでも他の人に与えているということを知った上で、なおそれだけでなく、人のあり方が今見たように相互的なものである以上、可能であれば、積極的に他の人に与えることに心を向けてほしいのです。自分は自分だけで完結するのではなく他の人に存在を負っているからですが、他の人も同じです。他の人は私に何をしてくれるか、ではなく、私は他の人に何ができるかを考えたいのです。

他の人に援助を求めることは、それが必要なことであれば、恥ずかしいことではありません。問題は、自分でしなければならず、かつ、できることまで他の人に依存して自分ではしようとしないことです。

私の提案はこうです。私は可能な限り自分でできることはしよう。でも、他の人が援助を依頼してくれれば、可能な限り引き受けよう。

すべての人がこんなふうに思えたらこの世界はきっと変わるでしょう。

人生の課題

以上見たことを踏まえて、次に人生の課題について、アドラーがあげる事例に基づいて具体的に考えてみます。

生きていくに当たって避けては通ることができず、解決しなければならない課題があります。この課題は、もっぱら対人関係に関わります。子どもは、親に守られ、自分では何もしなくても生きることができますが、いつまでも親に依存し続けることはできません。仕事に就かなければなりません。働かなければ、生きていくに当たって必要なものを手にすることはできません。

友人とつきあい、恋愛関係に入り、さらには、その関係が結婚にまで発展することもあります。親や子どもとも関わっていかなければなりません。アドラーは、これらを仕事、交友、愛の課題といい、まとめて「人生の課題」と呼びました。

このうち、交友の課題は、仕事と愛の課題も含んでいます。仕事の課題も愛の課題もどちらも、基本は対人関係だからです。

仕事についていえば、通常、一人で何もかもすべての仕事をするのは不可能ですから、分業が必要です。その分業は他の人との協力が必要ですから、対人関係なしにすますわけにはいきません。一人でする仕事もありますが、それでも、仕事の全過程を通して、一切、人と関わらない仕事はないでしょう。

ここでは、仕事上での対人関係は、長く続かず、深くはなく、他方、親子関係や、恋愛、結婚関係は、友人との関係よりも持続的で深いということを指摘しておきます。交友の持続性と深さの観点から、仕事、交友、愛の順で課題の難易度は上がります。

事例

アドラーがあげている「いつも最後の最後になって、人生の課題から逃れている」

三十歳の男性の事例を見てみましょう（『個人心理学講義』）。

この男性は、いつも仕事で失敗するのではないか、と怖れていました。そこで、昼も夜も勉強し、働きすぎ、緊張しすぎました。そして、その緊張しすぎることにより、仕事の課題を解決できませんでした。

第二の課題である友人の課題も同じでした。友人はいましたが、友人のことを強く疑うので、友情はうまくいきませんでした。言葉を交わすくらいの友人はたくさんいても、本当の友人はいなかったのです。外出したがらず、人が集まるところでは、いつも黙っていました。黙っている理由を問われると、人前では何も考えが浮かばず、それゆえ、何もいうことがない、と説明しました。

その上、内気で、話す時は顔が赤くなりました。彼は、この内気な性格を克服できれば、よく話せるようになるだろう、と考えていましたが、そもそも彼は人によい印象を与えることができず、知人の間で好かれていませんでした。彼は、自分でもこのことを感じており、ますます話すことが嫌いになりました。

このように、彼は仕事でも交友でも、いつも緊張していました。アドラーは、これは彼が強い劣等感を持っていたことを表しており、自分のことを過小評価し、他の人や新しい状況を自分にとって非友好的と見なし、「敵国の中にいるかのように」ふるまっていた、と説明しています。

劣等感は無関係

アドラーのこの説明は明解ですが、注意したいのは、この男性は劣等感があり、他者や新しい状況を友好的でないと見なしていたから仕事の課題を解決できず、友人とうまくやっていけなかったのでは〈ない〉ということです。

アドラーは、次のようにいいます。

「彼は前へ進みたいとは思っているのであるが、同時に、失敗することを怖れて、前に進むことを阻まれている。あたかも深淵の前に立っているかのようであり、いつも緊張している」

厳密にいえば、彼は前へ進みたいと思っているように見えるということです。「前に進むことを阻まれている」というのも、起こっている事態を普通に説明すればそのようにいえるということであって、実際のところは、彼自身が、前に進まないように決心しているのです。

なぜ前に進もうとしないのでしょうか。それは失敗することを怖れているからです。失敗しないための最善の（この男性が最善と考えるという意味ですが）方法は、課題に挑戦しないことです。この男性のように、失敗することを怖れ、前に進もうとせずに「ためらいの態度」を取る人は多いでしょう。課題に挑戦しなければ失敗することもないわけです。

このように課題を回避するための理由が彼には必要です。それが緊張するということです。たとえ、課題に取り組んで失敗しても、緊張していたからできなかった、といえるのです。彼は、外に出なければ、他の人と交わる必要はなく、対人関係でつまずくこともありません。しかし、どんなふうにであれ、他の人と交われば、多かれ少なかれ、緊張し、思うようにコミュニケーションが取れず、緊迫するものです。

彼が外出したがらず、人が集まったところではいつも黙っていたのは、人前では何も考えが浮かばず、それゆえ、何もいうことがなかったからだといっていますが、これは違うでしょう。実際には、何も話さないために、人前では考えが浮かばなかったのです。

人が集まったところでいつも黙っている人がいたら、その場にいる人は、そのような人に好感を持てません。何を考えているかわからないと思うからです。彼はそのことを感じていましたから、ますます話さなくなりました。自分のことをよく思わない人を仲間とは思わず、敵だと見なしていたでしょう。自分が他の人にそう思わせていたにもかかわらず。

彼が仕事でも交友でも緊張するのは、以上の説明からわかるように、劣等感があるからではなく、劣等感を仕事と交友の課題を回避する理由にしているからです。同様に、先の彼の言葉を振り返ると、友人のことを強く疑うから友情がうまくいかないのではなく、友情がうまくいかないようにするために友人を疑っているのであり、内気で話す時に顔が赤くなることも、うまく話ができないことの理由にしていることがわかります。

さらに彼は、「この内気な性格を克服できれば、よく話せるようになるだろう」と考えていたということですが、「もしも…ならば」と可能性を語ることなら誰でもできます。

劣等コンプレックスとは

彼は第三の課題である愛の課題にも直面しました。

「彼は異性に近づくのをためらった。恋愛をし、結婚したい、と思っていた。しかし、強い劣等感があり、怖れてしまい、実際には、この計画に立ち向かうことはできなかった」

これが先に見た、アドラーがいうためらいの態度です。

アドラーが、彼は恋愛し、結婚したいと思っていたが、「強い劣等感」があったので、そうすることができなかったという時、これも一般的ないい方をしているのであり、実際には、劣等感が原因で愛の課題を回避したのではありません。むしろ、彼は強い劣等感があることを理由に、愛の課題を避けているのです。

ここで、アドラーは「強い劣等感」という言葉を使っていますが、アドラーは「劣等コンプレックス」という言葉を使うことがあります。

注意すべきなのは、「劣等感」と「劣等コンプレックス」は意味が異なるということです。劣等感は「自分が劣っているかのように感じること」です。一方、劣等コンプレックスは、「Aなので（あるいは、Aでないので）Bができないという論理を日常生活で多用すること」をいいます。このAとして、自他共に、そういう理由があるのなら仕方がないと思えるようなことが持ち出されます。

例えば神経症が、Aとしてよく使われます。子どもの場合は、「熱がある」「頭痛がする」ことを理由にして学校に行かないということがあることは、第一章で見たとおりです。

アドラーはこういいます。

「彼の行動と態度のすべては『はい…でも』という言葉に要約できる」

課題を前にして勇気をくじかれた人は、しばしば「そうしてみます、でも」という言い方をします。

たしかに達成が困難なことはありますが、事に着手する前に、できない時のことを考え、足踏みしてためらう人は多いように思います。そういう人は、「はい…でも」といった時、するかもしれないがしないかもしれないというよりも、たいてい最初から、しないと決めているのです。そして、できない理由を後からいくらでも出してくるのです。

カウンセリングでは、相談にきた人が「はい…でも」ということが癖になっている人がいれば、まず頻繁に「はい…でも」といっていることを意識してもらうことがあります。回数を数えることもします。

ある人がいいました。

「今日は一度も『はい…でも』といっていません」

こんなふうに意識することから始めて、「でも」といわないようにしていけば、人は変わることができます。

課題を回避する人の過去

以上見てきた三つの人生の課題を解決することは、たしかに困難ではありますが、何もしなければ生きていくこともできません。自分の人生の課題を他の誰かが自分に代わって解決してくれるはずもありません。彼は、実のところ、人生が困難だから、何もしないほうがいいと思ったのではなく、ここでも何もしないでいようという決心が先にあって、その決心を正当化するために、人生は困難であると見なそうとしているのです。「それゆえ、注意深く、ためらうようになり、逃避の道を求める人になった」とアドラーはいいます。

注意深いという資質は、それ自体としては問題はありませんが、過度に注意深いと、失敗することを怖れるようになり、課題に挑戦するというよりは、そこから逃避する道を選ぶようになります。

このように、課題へと向かっていくことを怖れる人の多くは、別の人が自分より愛されるという経験を語ることが多い、とアドラーは指摘します。この男性は第一子でした。そこで、最初は注目の中心でいられたのに、後から生まれてきたきょうだいによって、その「栄光の地位」から追放されたというのです。

同じ家族の中に生まれ育っても、自分が置かれている状況をどう見るかは、子どもによって違います。第一子は、いわば王座から転落するという経験をするので、その事態を何とかしようと思って、多くの場合、最初は親からほめられるようなことをし、後にそれがうまくいかなくなると、親を困らせる行動をします。

そのような行動の目的は、親からの注目を得ることですが、たとえそれが適切な行動であっても、注目の中心でいようとすること自体が問題です。第一子に限るわけではありませんが、注目されたい、注目の中心でいたいと思うことをアドラーは問題にするのです。

なぜなら、自分は注目の中心にいなければならないと考える人は、自分のことにしか関心がないからです。それはあまりにも自己中心的だといえるでしょう。このような、他の人がどれだけ自分に注目し、自分に何をしてくれるか、はたして、自分の欲求を満たしてくれるかどうかということばかり気にしている人は、もしも、自分に格別の、あるいは自分が望むような仕方での注目をせず、関心を持ってくれない人がいれば、そのような人を、仲間ではなく、敵と見なします。

他者への関心

アドラーの治療方針は、非常にシンプルです。彼が今持っている自分への関心（self interest）を他者への関心（interest in others）へと変えることです。

アドラー心理学の鍵概念である「共同体感覚」（Gemeinschaftsgefühl）は、その英訳（social interest）が示しているように、他者への関心そのものなのです。

また、アドラーのいう共同体感覚を表す言葉に、Mitmenschlichkeitがありますが、先にも見たようにMitmenschenは「仲間」で、人と人と（Menschen）が結びついている（mit）という意味です。人を仲間と思えない人は、共同体感覚を持っていないといえます。仲間であると思うからこそ、その人に関心を持ち、さらには、貢献しよう、協力しようと思えるのです。

人生の課題を解決するためには、他者への関心が発達していなければなりません。なぜなら、この人生の課題は対人関係であり、対人関係に何か解決を要する問題が起こった時に、自分は何もしないけれど、他の人が自分のために何かをしてくれると思っている限り、人生の課題は解決されず、そのため人生はいよいよ困難なものになるからです。

ここで注意しておきたいのは、この男性は、第一子として育ち、他のきょうだいによって注目の中心にいられなくなったので、他者への関心が発達しなかったのでは〈ない〉ということです。彼がそのようなライフスタイルを形成することに、第一子として育ったことは、たしかに影響を与えたでしょうが、第一子が皆、彼と同じようになるわけではありません。

アドラー心理学では、ライフスタイルを知るために、人生の最初の記憶である早期回想をたずねることがあります。この男性の早期回想は次のようなものでした。

「ある日、母親が私と弟を市場に連れて行ってくれた。その日、突然、雨が降り出した。母親は最初、私を抱いたが、ふと弟を見ると、私を降ろして弟を抱き上げた」

過去に彼がこのような経験をしたことが重要なのではありません。このようなことは、実際にはなかったかもしれないのです。

アドラーは、この回想から、彼のライフスタイルを描くことができるといいます。彼は、いつも、他の人が自分よりも愛されることになるのではないか、と予想しています。ちょうど、最初は自分が母親に抱かれていたのに、弟に気づいた母親が自分を降ろして弟を抱き上げたようにです。

他の人が自分より愛されることになるのではないか、友人が自分よりも他の人のことを好きになるのではないかといつも見張っている人は、友情や愛を損なうどんな小さなことでも見落とすまい、と思います。困ったことに、そのような証拠は、すぐに見つかります。そして、友情も愛も短命に終わってしまうことになります。

そこで、このような疑い深い人は、完全に孤立して生きることを望みます。他の人とは関係を持たず、他の人に関心を持ちません。しかし、人が一人では生きられない以上、このようなことが問題の真の解決にならないことは明らかです。

何度もいうように、彼は、ここでいわれているような経験をしたから、他の人に関心を持てなくなったわけではありません。現に今、他の人に関心を持てないので、そのような自分を正当化するために、自分のライフスタイルに一致するような経験を、過去の回想の中から探し出したのです。

しかし、そのことに気がつかない彼は、母が自分よりも弟を愛したという過去における経験を理由に、今、直面している交友や愛の課題を回避しようとします。それだけでなく、今現在、他の人が自分より愛されるということを理由に、課題から逃げようとします。しかし、この因果関係は正しくありません。もう少し詳しい説明は後に譲りましょう。

甘やかされた子ども

この男性は、王座から転落してしまいましたが、転落することなく、ずっと王子、王女として成長する子どももいます。甘やかされた子どもです。今日の社会においては、愛情不足が、子どもの問題行動の原因だというようなことがいわれますが、実際には、親の側でいえば、愛情過多、子どもの側でいえば、愛情飢餓のもたらす問題のほうがはるかに大きいのです。

王座から転落するしないにかかわらず、子どもは生まれてからしばらくは、親に全面的に援助されなければ生きていくことはできませんが、いつか自立しなければなりません。親のほうも、子どもが自立することを援助しなければなりません。

ところが、愛情過多の親の場合、子どもが自分でできることですら自分ですることを許さず、自立を阻むことがあります。他者を援助したり協力することについて子どもに教えず、むしろそうすることを免除し、甘やかすのです。子どもが自分でしなければならないことについても、親が子どものために、子どもに代わって、行動し、考え、話します。そのように育てられた子どもが、甘やかされた子どもに特有のライフスタイルを発達させるのです。

一方、愛情過多ではなく、子どもの自立を援助しようとする親のもとに生まれた子どもでも、先に見た男性のように、親が後から生まれた子どもに手が取られてしまうと、甘やかされることに執着するため、大人になっても、甘やかされた子どもに特有のライフスタイルを持ち続けます。

このような人は、人生の課題を自力で解決することを拒みます。誰か他の人が自分のために自分の課題を解決することが当然と考えるのです。

甘やかされた子どもは、大きくなっても、自分が世界の中心であると考えるので、自分が注目の中心ではいられないような状況や、そのようでいられることを阻む人のことを「敵」と見なします。

こうして、他の人と関わろうとはしなくなり、対人関係という人生の課題から遠ざかろうとします。他の人が自分の敵であれば、そのような人の役に立とうとしないでしょうし、そうすることで得られる貢献感を持てなければ、先に見たように、自分のことを好きになることはできません。自分が役立たずではなく、誰かの役に立っていると感じられる時、そんな自分のことが好きになるからです。

見かけの因果律

人生の課題から逃れるためには、理由がいります。その理由として、神経症が持ち出されることは先に書きましたが、それ以外にも、何か大きな災害や事件、事故などに巻き込まれて、その結果としてのトラウマ（心的外傷）が語られることもあります。

たしかに、これらの出来事は大きな影響を人の心に及ぼさないわけにはいかず、心に傷を負うことがあることを、軍医として戦争神経症の兵士の治療に当たったアドラーが知らなかったはずはありません。それでも、前を向いて生きていかなければならないのです。

夫との関係がうまくいかないのは、幼児の頃から父親に虐待を受けていたことが原因であると話している人をテレビで観たことがあります。しかし、父親との関係が、その後の人生における対人関係に影響をまったく与えなかったとまではいわないとしても、それとは関係なく、夫婦関係をよくするための努力はできたでしょうから、夫婦の関係がうまくいかないことの原因を過去の出来事に求めるのはおかしいと思います。

アドラーは、このあたりのことを「見かけの因果律」という言葉を使って説明しています（『生きる意味を求めて』）。今の出来事あるいは状態を、あることを原因として生じたと説明することです。「見かけ」というのは、実際には、因果関係がないからであり、本来は因果関係がないところに因果関係があるかのように見せるという意味です。実際、過去にどんな経験をしていても、結婚してからの二人の関係を、過去とは関わりなく、育んでいくことはできます。

アドラーはある経験によって今の自分が決定されるという意味での決定論を否定します。アドラーはこんなふうにいっています。

「いかなる経験も、それ自体では成功の原因でも失敗の原因でもない。われわれは自分の経験によるショック——いわゆるトラウマ——に苦しむのではなく、経験の中から目的に適うものを見つけ出す。自分の経験によって決定されるのではなく、経験に与える意味によって自らを決定するのである」（『人生の意味の心理学』）

トラウマについて、アドラーがこのようにいっていることに賛成できない人でも、人を殺した人が、ついカッとする性格だからとか、貧しかったからだといっても、そのようなことを殺人の原因であるとは納得しないでしょう。

「見かけの因果律」は、人生の課題を回避しようとする人もよく使います。人生の課題はどれも等しく重要ですが、ワーカホリックといわれる人は、仕事にすべての情熱を注ぎ、家庭を顧みないということがあります。このような人は、仕事の課題を最優先せざるをえないということを、他の課題に取り組めないことの理由にしたいのです。結婚の失敗の口実として仕事に忙しいことを持ち出す人もいます。仕事が忙しかったから、家庭でゆっくりできなかったのだというふうにです。

恋愛がすべてという人も、同じように、恋愛を他の人生の課題に取り組まない口実にします。寝ても覚めても、好きな人のことを思い、愛されている喜びにひたり（「愛する」喜びを語る人は少ないように思います）、食事をすることも忘れるほど、夢中になれるというような愛の神聖さを冒すつもりはいささかもありませんが、そのような中にあっても、日常の生活は続いていくのです。

他にも多くの人との対人関係もあるはずなのに、好きな人との関わり以外は意味のないものと思い、他の人たちを軽んじていれば、気がつけば、まわりに誰もいなくなるということはありえます。

どうすればいいのか

先に見たように、彼は、交友、愛の課題から逃れ、孤立するために、過去や今、他の人が自分よりも愛されるということを理由にしたいのです。このように見ることによって、彼は自分から他の人へと関心を移す人を責めています。アドラーの言葉を引くと「あたかも大きな深淵の前に立っている、あるいは、敵国の中に住んでいて、いつも危険にさらされているかのように過度に緊張している」のです。

このような人はどうすればいいでしょうか。アドラーは、劣等感を減らすことが必要だといっています。劣等感というのは、実際に劣っているということではなく、劣っているという感覚なので、本人には大いに気にかかることであっても、まわりの人にはなぜそのことを苦にしているのかわからないことがあります。

自分に自信があれば、自分に好意を持っている人が自分以外の人を愛する、あるいは、他の人が自分よりも愛されることがあっても、そのことが自分を脅かす重大事であるとは考えないでしょう。

もしも、他の人に好意を持たれたい、愛されたいのであれば、そうされるように努力すればいいのです。自分では何もしないで、好感を持ってもらおうと思うのは無理な話です。それでいながら、自分に好感を持たない人を責めるのは、最初から、対人関係の中に入らないためなのですから、自分が不幸であるというのはおかしいでしょう。

そこで、アドラーは、この男性が、パーティのホスト役をして、友人が楽しい時間を過ごすように努めれば、かなりよくなるだろうといっています。ねらいは、そうすることで貢献感を持てることにあります。ところが、この男性は、普通の対人関係では楽しむことはできず、誰も私を楽しませてくれないと不平をいいます。一般に、人から与えてもらうことばかり考えている人が幸福になることは難しいでしょう。

恋愛と結婚

これまで「いつも最後の最後になって人生の課題から逃れている」男性の事例を見てきました。ここからは人生の課題のうち、もっとも難易度の高い「愛の課題」について考えてみましょう。

ある若い男性が美しい女性とダンスパーティで踊っていました。彼女は彼の婚約者でした。踊っている最中、彼は眼鏡を落としてしまいました。その時、彼は眼鏡を拾うために、もう少しで彼女を突き倒すところでした。驚いた友人がたずねました。

「どうしたんだ？」

「彼女に眼鏡を割られたくなかったんだ」

彼女は彼との結婚を諦めました（『個人心理学講義』）。

ドイツの社会心理学者、エーリッヒ・フロムは、相手さえいれば恋愛は成就すると考えるのは間違いだといっています（『愛するということ』）。

多くの人は、愛することは簡単だが、愛するにふさわしい相手を見つけることは難しいと考えています。相手さえいれば、恋愛は成就するといわんばかりです。しかし、フロムがいうように、愛することは能力なのです。

結婚は始まりであって、ゴールではありません。多くの小説や映画、テレビドラマは、男女が結婚するところで終わりますが、結婚は、ハッピー・エンドどころか不幸の始まりかもしれないのです。恋愛の場合と同様、幸い、相手が見つかっても、結婚してからが難しいのです。恋愛がイベントであるとすれば、結婚は生活だからです。

さしあたって生活のことを考えずにつきあえた時とは違って、二人で生活するということになると、楽しいことばかりではありません。甘やかされた子どもたちが、やがて成人し、結婚すると、互いが相手に甘えたいと思うようになります。

このようなことは、つきあっていた時や、結婚してしばらくの間は、それほど大きな問題にならないかもしれません。むしろ、依存されたい人もいるかもしれません。

しかし、二人のうちのどちらかが、場合によっては、二人が共に、甘やかされたいと思っていれば、イベントではない、生活としての結婚においては、このことは、たちまち問題になるでしょう。どちらも与えようとせずに、与えられることだけを期待するからです。

経済的な安定や社会的な地位のようなことが、結婚の重要な条件と見なされますが、アドラーがいうライフスタイルの問題と比べれば些末な問題でしかありません。

恋愛と結婚において何か問題が起こるとすれば、他の対人関係で起こる問題と基本的には同じです。もしも自分のことにしか関心を持たず、他の人に関心を持たずにきた人であれば、恋愛、結婚においても、行き詰まることになります。

他の人に関心を持つこと、他の人を仲間と認め、他者に貢献するという意味での共同体感覚は徐々に育つものです。もしもそれまで自己中心的なライフスタイルを持っていたのであれば、誰かと恋愛関係に入った時に、一夜にしてライフスタイルを変えることは難しいでしょう。

自分は世界の中心にいて、自分では他の人に与えることなく、ただ受けることだけを期待するような人は、対人関係全般についてと同様、愛と結婚にも準備ができていないといえます。そのような人の恋愛や結婚がうまくいくかどうかは、実際に生活しなくてもわかるといっていいくらいです。

甘やかされた子どもは、大きくなっても、他の人が自分に何をしてくれるかということばかりに関心を持ちます。

そのような人の期待を満たしてくれる人がいればいいのですが、他の人は自分の期待を満たすために生きているのではないという当然の事実に気づいた時、そのことを受け入れることができず、中には、自分が期待するように動いてくれない人に対して、攻撃的になる人もいます。攻撃的になれば、攻撃された人は、その人から去るかもしれません。そうなると、いよいよ、その人が他の人について持つ不信感は募ることになります。

この世で、人に強制できないことが二つあります。「尊敬」と「愛」です。私を愛しなさい、私を尊敬しなさい、と人に強いることができないのは明らかだと思うのですが、そうすることが可能だと思っている人はいます。しかし、自分では何もしなければ、尊敬されることも、愛されることもありません。

まわりから放っておけないと思われて手を差し出してもらえるような人は、強制していないと思う人がいるかもしれませんが、まわりの人に手を差し伸べざるをえない気持ちに〈させる〉という意味では、自分の思うように、まわりの人が期待に添ってくれない時に攻撃的になる人と変わりはありません。そういう気持ちにさせられた人のほうが、巧みな誘惑の罠に陥ったことに気づいていません。このような術策をめぐらせていることに、実は、本人も気づいていないことが多いでしょう。

このような関係においては、二人の関係は対等であるとはいえません。アドラーは、「愛と結婚の問題は、完全な平等にもとづく時にだけ、満足に解決できる」といっています(『個人心理学講義』)。

対等の関係

アドラーは、あらゆる関係は対等でなければならないと考えました。大人と子どもは対等であるといえば、驚く人があります。大人と子どもが同じだといっているわけではありません。知識と経験、取れる責任の量を考えれば、大人と子どもが同じはずはありません。しかし、大人と子どもは、同じではないけれども、対等であると考えるのです。

このことは男女の関係にも当てはまります。さすがに、今の世の中で、男女は対等ではないと公然という人は多いとは思いませんが、それでもなお、男の自分が上だと思っている人は多いように思います。

毎週どこかに連れて行ってやっている、とか、経済的には何の不自由もさせてない、と豪語する男性は、そのように思い、実際に発言もすることで、女性を自分より下に見ているということに気づいていません。

経済的に優位ではないということは、決して劣っていることを意味しません。家事は外での仕事に劣らず重要な仕事です。昼間は外で働いているのだから、夜、自宅に帰ってまで、家事や子どもの世話をすることはできないという人は多いようですが、「昼間は家事ができなかったが、家に帰ってきた今は家事ができる」と考えて、外で働いている家族に家事の分担を依頼しても何の問題もありません。

アドラーは、

「もしも男性か女性のどちらかが、結婚した後に、相手を征服したいと望むのであれば、結果は致命的なものになるだろう」

といっています（『個人心理学講義』）。

このことは結婚した後だけに限らないように思います。結婚する前は、相手に嫌われたくないので、おとなしくふるまっていようと思う人はいるかもしれません。しかし、イベントではなく生活である結婚においては、いつまでも自分のいいところばかり見せるというわけにはいかないでしょう。

アドラーが、「男性か女性のどちらかが」といっているのも、私はおもしろいと思いました。女性のほうが征服者であるカップルはめずらしくはないからです。ともあれ、アドラーは相手を征服することを期待して結婚することは、結婚の正しい準備ではない、と考えています。

男性が女性を守るとか、幸せにするということにも注意していいでしょう。二人が力を合わせて幸福になる努力をするのであって、どちらかが相手を幸福にするという発想は、二人が対等であると考えているカップルであれば決して出てこないでしょう。

それでは、どうすれば結婚に向けて正しく準備することができるでしょう。その準備はすでに恋愛関係の時から始まっています。アドラーは、共同体感覚の訓練だといいます。このことの一つの意味は、すでに見たように、他の人に関心を持つことです。先に見た、眼鏡を拾うために、もう少しで彼女を突き倒すところだった男性が、自分のことにしか関心を持っていないのは明らかです。

共感するということ

もう一つは、共感能力を高めることです。アドラーは、自分を他者と同一視する能力だといっています。家庭生活に適切な準備ができている人がほとんどいないのは、「他の人の目で見、他の人の耳で聞き、他の人の心で感じること」を学んでこなかったからだとアドラーはいいます。

これは言葉としては理解できますが、実際には簡単なことではありません。実際のところは、私の目でしか見ることはできないからです。しかし、「自分だったら」（どう見るか、どうするか）という発想から抜け出さない限り、他の人がどう感じ、考えているかを理解することはできないのです。

自分の尺度で他の人を見る限り、自分との違いに気づくことはありません。そのため、相手を誤解することになり、そのことが二人の関係を損なうことになるのです。親しいから、あるいは、相手を愛しているからといって相手を理解できるわけではありません。そもそも理解できないことが問題ではありません。実際、理解できないこともあるからです。

問題は、自分が相手を理解できていないかもしれないとは少しも考えないところにあります。他の人は自分と違った見方をするとは思わず、したがって、相手を理解しようとする努力をしないことが問題なのです。

そこで、相手を理解するためには、「自分だったら」という発想から抜け出し、相手の立場に身を置き、自分を他の人と同一視することで相手に共感することが必要になってきます。理解するというのは、自分を相手と同一視することです。

具体的に、アドラーは、こんな例をあげています。劇場で芝居を観ている時は俳優の役に、本を読んでいる時には主人公に共感します。綱渡りの曲芸師が、ロープの上でよろめいたら、自分が落ちるかのように思い、多くの聴衆の前で話をしている人が、話の途中で突然先に進めなくなったら、自分も恥ずかしい目にあったかのように感じるのです（『教育困難な子どもたち』）。

パートナーの選択

アドラーは、誰もが子ども時代から心の中に異性の理想を創り出しているといっていてます（『個人心理学講義』）。男性の場合、母親が理想になり、結婚する女性に母親によく似たタイプの人を探し求めることはよくあります。

子どもの頃、母親との間に不幸な緊張があれば、母親とは反対のタイプの女性を探し出そうとします。支配的な母親のもとで抑圧されて育つと、女性への怖れを持ち続け、恋愛や結婚はもとより、女性を完全に避けようとすることが見られます。そのため、母親とは真逆の、弱々しく従順な女性が、そのように育てられた男性にとっての理想になります。そのような男性は、怒鳴ったりがみがみいう母親を無能力な教育者と見なし、親の圧力から逃れようとします（『人間知の心理学』）。

しかし、子どもを叱って育てる親は、子どもが自分で責任を取らなければならない場面で、子どもの課題に介入し、子どもを甘やかすことがあります。母親に甘やかされると、いわゆるマザーコンプレックスを発達させることがあるとアドラーは指摘しています（『人生の意味の心理学』）。親の圧力から逃れるほうが望ましいわけです。

あるいは、母親の影響によって、自分は弱く劣っていると感じた（つまり「劣等感」を持った）男性は、女性に支えられたいと思い、母性的な女性を理想とするかもしれませんし、恋愛において、反対の方向へと向かって、攻撃的、支配的になることもあります。その際、そのような攻撃的、支配的な男性は、自分と同じような攻撃的な女性を選びます。激しい闘いにおいて支配者になることこそが立派だと思うからです。

さらに、パートナーを選ぶ際、病気の人や、自分よりもかなり年長の人を選ぶことがありますし、既婚者を選ぶこともあります。

もちろん、愛の形にはさまざまなものがあっていいでしょうし、アドラーも相手がこうだから望ましくないというようなことをいっているわけではありません。

ただ、「何らかの意味で結婚することが難しい人」を選ぼうとしている人は、可能性の中に生きているわけで、強い結婚願望があるように見えても、結婚が現実のものになることを怖れていることを表しています。ちょうど、遠距離恋愛をしている人が、遠く離れていることを関係がうまくいかないことの理由にあげるのと同じです。ところが、勤務先が変わり、近くにいられるようになれば、もはや遠距離を二人の関係がうまくいかないことの理由にすることができなくなってしまうのです。

先にあげたような人が真摯な恋愛をしていないというつもりはありませんが、アドラーがいう意味は理解していただけると思います。

女性がパートナーを選ぶ時にも、親から影響を受けることも当然あります。先に、母親の影響で劣等感を持つ男性がある、と書きましたが、女性も劣等感を持つことがあり、しかも、この社会において男性が優位であると考え、その劣等感を過剰に補償することがある、ともアドラーは指摘しています。

男性の場合も女性の場合も、親がどんな人であったかは、パートナーを選択する時に、影響を与えるだけであって、決定するわけではありません。多くの場合、結婚生活がうまくいかなかった時に選択の失敗を親のせいにするという目的があるわけです。

男女は対等

アドラーが一九三〇年代に書いた本を読むと、「分業し、自分に与えられた役割を果たすことが重要である」と、どうやら女性は家事をするのが望ましいと考えているのですが（『教育困難な子どもたち』）、もちろん、今の時代は、男女の役割分担を固定するという考えは受け入れられないでしょう。男女のそれぞれが得意なことをすればいいのです。ただし、先に、大人と子どもについて、同じではないが対等であるということを見ましたが、男女の場合も同様です。同じでないけれども対等なのです。アドラーはこういっています。

「分業は、人間が男女に分かれているということによってなされるようになった」（『人間知の心理学』）。

そして、この分業は「まったく偏見のない基準」に従ってなされなければならない、といっています（この基準は、社会や時代によって異なってしかるべきです）。

このような意味で、アドラーは、男女は対等である、と主張するわけですが、女性の中には女性の役割（それが何かはよく吟味しなければなりません）を拒絶し、男性と張り合ったり、一種の諦めを持って生きていく人がいることを指摘しています。

さらに、「女性である自分は劣っている。男性だけが有能で立派な仕事に就ける」と考えている人がいます。

このような人は、自分でできるはずの仕事をも、男性にしかできないといい、いつも男性に押しつけます。

さらにまた、女性の役割への不満が極端に現れることがあり、女性が「独身主義と結びつく仕事」に就くという形で人生から退却することがあるとアドラーは指摘しています。

アドラーにとって、結婚は重要な人生の課題ですから、女性が仕事に就いていることを理由に結婚しないことは、人生からの退却と考えたのでしょうが、今日では受け入れられないでしょう。ただ、アドラーが、結婚を仕事や交友の課題よりも困難なものであると考えていることには、注意しておいていいでしょう。

分業については、先に見たように、その基準は偏見があってはなりませんが、男女が協力して生きていくことは、結婚生活が円滑に進むための重要な要件になることは間違いありません。

今日、男女が共に外で働くことはめずらしいことではありませんし、二人が働かなければ生きていくことが困難なケースもあります。それなのに、男女が同じように働いていても、男性が家事や育児に協力しないことは、残念ながらよく聞きます。

結婚への準備

カップルが結婚に準備ができているかどうかを知るために、ドイツでは、次のようなことが行われている、とアドラーが報告しています（『個人心理学講義』）。

カップルに取っ手が二つついたのこぎりを渡して、それぞれが一方を持ち、親戚一同がまわりで見守る中、木の切り株を切るのです。相手を信頼していなければ、互いに引っ張り合うだけであり、他方、一人が主導権を握って、一人で何もかもしてしまおうとすれば、二人でする時の倍の時間がかかることになります。相手に関心を持って、相手の動きに合わさなければなりません。二人が結婚に適しているかを見るテストになるわけです。

もっとも、結婚の準備ができていないことは、このような特別のテストをしなくてもわかります。

先に引いた、眼鏡を落とした時の男性の態度からもわかりますし、アドラーは、「適当ないい訳もなく、デートに遅れる恋人を信じてはならない」といっています（前掲書）。このようなことは、他の人生の課題と同様、課題を前にしての「ためらいの態度」を表しているわけです。

ためらいということでいえば、理想の結婚相手を探しているが、いつまでも理想の人に会えないという人は、たしかに、理想（何を理想というのかはおいておくとしても）の人がまわりにいないということがあるかもしれませんが、アドラーなら、愛や結婚の課題を前にためらっているというでしょう。

結婚することで子どもが生まれることを怖れる人もあります。初めからそのことを避けるために、結婚しない決心をすることもあるでしょう。結婚してからも甘やかされた子どもの役割を演じたい人は、生まれた子どもが自分に代わって注目の中心になって、それまで自分に向けられた注目がなくなるという理由で、ライバルとしての子どもの誕生を喜ばないのです。

出産によって不格好になることを怖れることもあれば、出産、育児による苦労を思い、そのようなことで「女だけが不利な目にあう」という劣等感を持つこともあります。

このようなことは、パートナーとの協力によって解決しうる問題で、女性だけが育児に伴う苦労を引き受けなければならないわけではありませんが、「女だけが」というふうに考える人は、予想される困難ゆえに結婚を怖れるわけではなく、最初から結婚することを回避する理由を探し出していると考えることができます。

他方、生まれてくる子どもをペットのように思い、ただ自分の楽しみのために子どもを産みたいという人もいます。そのような自己中心的な考えを持った人は、結婚する準備ができていないといえます。

また、友だちがいなかったり、友だちとうまく交わらない人、仕事を選ぶのが遅い人も結婚への準備ができていません。

アドラーは、経済的に安定していることが結婚する準備ができていることであるといっているわけではなく、たとえ経済的に安定していなくても、二人が努力していこうとする姿勢が重要であるといっています。宝くじに当たればいいのにというふうにただ幸運を待っているというのであれば、結婚への準備ができているとはいえないだろう、と私は考えています。このように、結婚の課題は、他の課題から独立しているわけではないのです。

カップルについていえば、二人のうちの一人が、相手をいつも教育したいと思ったり、いつも批判ばかりしているということも、結婚への準備ができていないことの印である、とアドラーはいっています。

対等であることがどんな関係においても必要なので、どちらかが相手をいつも教育したいと思うことは、関係のあり方として望ましくないわけです。

結婚は二人の課題です。私たちは、一人でなしとげることができる課題か、あるいは多人数でなしとげる仕事に対しては教育を受けていますが、二人で行う課題に対しては教育を受けていないのです。

もちろん、初めから二人がしかるべく協力ができるわけではありません。失敗を重ねながら、互いのライフスタイルを知り、互いが対等であるという意識をしっかり持って、結婚生活で出会う問題に対処していく努力をしていけば、結婚という課題を適切に解決することは可能です。

今、互いのライフスタイルを知る、と書きましたが、先に見たように、共感ができれば、ライフスタイルの違いは、大きな問題になりません。むしろ、ライフスタイルが違うほうが、うまくいくこともあります。

たしかに、相手が自分とまったく違ったふうに感じ、違った考え方をすると、驚き困惑しますが、自分とは違う考え方、感じ方があると知ることで、自分だけでは知りえなかった見方を学び、そのことで、いわば人生の楽しみや喜びが倍増するといえます。

人の課題に踏み込まない

結婚するかしないかは、いうまでもなく二人が決めることです。ところが、まわりには結婚に反対する人があります。

あることの結末が最終的に誰に降りかかるか、あるいは、誰が最終的に責任を引き受けなければならないかを考えれば、そのあることが誰の課題かがわかります。

例えば、勉強をすることは、自分の課題であって、他の人の課題ではありません。結婚も、同様に、二人の課題ですから、他の誰が反対しようと、二人が自分たちの結婚について責任を引き受けるしかありません。

たとえ親が反対しても、それに従うことはありません。結婚に反対した親が子どもの人生に責任が取れるとは思えません。たとえ、結婚後の生活がうまくいかないとしても、結婚した二人がどうするかを考えていけばいいのであって、親が考えることではありません。

結婚前の親の干渉が、実際には、二人に幸福をもたらすことはもちろんあります。しかしそれで二人が結婚を断念するとすれば、親の責任は重いものになります。

親の反対を押し切って結婚したにもかかわらず、その後、親の予想どおり、二人がうまくいかなくなっても、親に負けたくないと思った子どもは、不幸な結婚生活を続けることになるかもしれません。

ここでは結婚の問題を例に書きましたが、一般に、人の課題に踏み込まないということも、幸福に生きるために忘れてはいけないことです。

対人関係のトラブルは、いわば土足で人の課題に踏み込んだり、踏み込まれたりする時に起こります。ですから、援助を依頼されなければ何もしないのが最善です。自分の課題ではないことについて、もしもどうしても援助、協力したいと思うのであれば、「何か私にできることがありますか」というふうにたずね、何もいわれなければ多くの場合、静観するのが賢明です。

劣等感の克服

ここからは「仕事の課題」について掘り下げて考えてみましょう。

私たちは、働かなければ、生きていくことはできません。それは、個人についてでもありますが、人類が存続するためにも、すべての人が働くことによって貢献することが必要です。何もしなくても、必要なものがすべて手に入るというのであれば、怠惰が徳、勤勉が悪徳ということになるでしょうが、この世界では、私たちは働き、協力し、貢献する必要があります。アドラーは、

「誰かが靴を作る時、自分を他者にとって有用なものにしている。公共に役立っているという感覚を得ることができ、そう感じられる時にだけ、劣等感を緩和できる」（『生きる意味を求めて』）

といっています。

家事もまた仕事の課題といえます。しかも非常に高度な専門性を要求される仕事です。

これもまた他の家族に貢献していると感じられれば、たとえ感謝されなくてもいいのです。

この仕事は私にしかできないと思っていても、実際は、仕事には必ず代わりの人がいます。その意味で、ことさら肩に力を入れることはありませんが、他方、どんな仕事においても、他の人に代われない仕事をしているという誇りも必要です。そのためには、先に書いたように、自分がこの仕事によって人の役に立っていると思いたいのです。

看護学生によく話すことなのですが、看護師にとっては病院などで接する患者は、たくさんの患者の中の一人でしかないかもしれませんが、患者からすれば、入院という非日常的な経験の最中に接する看護師は、自分の人生を変えるかもしれないのです。そんな自負心を持って仕事に取り組めば、仕事はただ苦しいだけのものではなくなります。

できると思うがゆえにできる

自負心を持って仕事に取り組んでみても、事実できないこと、達成がきわめて困難なことはあります。それでも多くのことは、最初から、あるいは、少し着手した後、これは自分にはできないと思ってしまい、すぐにあきらめてしまっていないでしょうか。

アドラーは、ローマの詩人であるウェルギリウスの「できると思うがゆえにできる」という言葉を引いています（『子どもの教育』）。もちろん、これは精神主義の類ではありません。アドラーは自分を過小評価する危険を説いているのです。自分を過小評価すると「もう追いつくことはできない」と信じてしまうことになります。そして、そのことが、生涯にわたる固定観念になってしまって、決して進歩することなく、その場に踏みとどまらせることになります。しかし実際には、追いつけないというのは本当ではなく、できないという固定観念をなくせば追いつけることが多いのです。

自分では何もできないと信じている十一歳の少年に、アドラーがこんなカウンセリングをしています（『子どものライフスタイル』）。

アドラー　水泳を習ったことはありますか？

ロバート　うん。

アドラー　最初は泳ぐのは大変だったことを覚えているだろうか？　今みたいに上手に泳げるようになるには、きっと時間がかかったと思う。何をしても最初は大変だ。でも、しばらくすると、うまくできるようになる。でも、集中し、忍耐し、何でもいつもお母さんがしてくれると期待してはいけない。私は君ができることを確信しているよ。他の人が君より上手にできるからといって心配してはいけない。

ここでアドラーは、「何でもいつもお母さんがしてくれると期待してはいけない」ということで、自分の課題は基本的には自分でするしかないということを伝えています。もちろん、先に見たように、人に援助を求めることが必要な場合もあるのですが。

競争しない

アドラーはまた、「他の人が君より上手にできるからといって心配してはいけない」といっています。今の社会においては、自分を他の人と比べ、競争することが当たり前のように思われていますが、アドラーは競争することを当然のことだとは考えていません。競争は、他の人を仲間と見ることを困難にします。それゆえ、他者に協力し、貢献することが難しくなります。

他の人よりも自分が優れていることを誇示するために動こうとする人や、競争することで、他者から承認してもらおうとする人は、他の人に貢献することだけを考えている人とは違って、他の人に関心がなく、自分にしか関心がありません。また、社会全体を見れば、競争に勝つ人がいるということは負ける人もいるということですから、社会全体としてはプラスマイナスゼロということになります。

どんな対人関係においても、競争に負けた人は、精神の均衡を崩すことになってしまい、精神的な健康を損なうことになります。見逃すことができないのは、それでは競争に勝った人が精神的に安定しているかというと、そうではないということです。敵に勝てなければ、そしてずっと勝っていなければ安心できないからです。

そのような人にとって、他の人は敵で、この世界は危険な世界です。本当に優れている人は自分が優れていることを証明する必要はありません。証明しなければならないと思っている人は、本当は自分は優れてないのではないかと思っているのです。しかし、どんなことに対しても、証明する時は行きすぎることになります。

他の人をいわば蹴落として、自分だけが幸福になることはできない、というのがアドラーの基本的な考えです。自分さえよければいいと思ったり、自分が優れていることを他の人に誇示したり、そのためには結果を出すことだけが重要だと考えるのは問題でしょう。

困難に立ち向かい、それを切り抜ける力ではなく、目に見える成功のほうに関心がある人は多いように思います。しかし、アドラーもいうように「ほとんど努力することなしに手に入れた成功は滅びやすい」（『子どもの教育』）のです。

この関連でいえば、お金があれば何でもできる、と考えている人がいます。それを公言すると反発されますが、それでも、お金があれば幸福になれるのではないかと考えている人は多いように思います。

しかし、他方、何かの幸運によって突然裕福になった人が、かえって、身を持ち崩し、その後幸福とはいえない生涯を送ることになったという話を聞くこともあります。お金自体に問題はなくても、それをどう使っていくかを知らなければ、お金を持つことだけでは、人は自動的に幸福にはなれないように思います。

内村鑑三が『後世への最大遺物』の中で、アメリカの金融業者であるジェイ・グールドの名前をあげています。内村自身は、後にも取り上げますが、この世を去る時に、後世に遺していくものの候補の筆頭にお金をあげています。内村が、お金を貶《おとし》めないというところは、当時の日本の基督《キリスト》伝道者として独自な点ですが、どんなふうに儲けてもいいといっているわけではありません。グールドは、親友を四人まで自殺させ、あちらこちらの会社を引き倒し、二千万ドルを貯めました。しかし、それを慈善のために使うことはなく、ただ自分の子どもに分けて死んだだけだ、と内村はいっています。

アドラーの言葉を使うならば、ただ野心という個人的な優越性を追求するためにだけお金を使うところが問題でしょう。

好きなことには努力はいらない

よく若い頃をふりかえってあまり勉強しなかったというようなことをいう人がありますが、そんな言葉に惑わされてはいけないと思います。ピアニストを目指す高校生に英語を教えていたことがありました。彼女は三歳くらいからピアノを弾き始めました。ある時、たずねてみました。

「これまでピアノを止めようと思ったことはありませんか？」

「一度もありません」

「ピアノの練習を辛いと思ったことは？」

「〔きっぱりと〕一度もありません」

彼女は強制されることなく、楽しくピアノを弾ける環境があって、その中で、ピアニストとしての道を歩む決心をしたのでしょう。好きなことであれば、努力は苦痛にはなりません。教師や親は、勉強も音楽のレッスンも歯を食いしばってしなければならないと考え、それが何か苦しいことであるように思い込んでいて、楽しいことであることを忘れているようです。

勉強でも、学生の頃は、試験が絶えず課せられていましたから、楽しみを感じられることはなかったという人もあるかもしれませんが、知らないことを学ぶということには、たしかに努力が必要であっても、本来楽しいことである、と私は考えています。

しかし、勉強も音楽のレッスンも楽しいとは思えず、難しくなると自分はできないと思ってしまいます。こうして自分の能力に限界があると思うようになるのですが、この限界は実は外から与えられたのではなく、自分が自分に課したものなのです。

このピアニストにしても、勉強する学生にしても、あるいは、日々、仕事に励む人にしても、意味はさまざまであっても、他の人に貢献することが目標になっていればこそ頑張れるものだと思います。もし、自分と他の人と競争することにしか関心がなければ、勉強も仕事も苦しければ止めればいいということになってしまいます。

仕事は、英語、ドイツ語では、それぞれ calling、Beruf といいますが、神に呼ばれるとか、呼び出されるという意味です。呼び出すのが神かどうかはおいておくとしても、仕事は、外からの強制、あるいは、他の人との競争というよりも、他の誰も止めることができない内面からの促しによってするものだと考えたいのです。

リルケは、若い詩人に「あなたの夜のもっとも静かな時間に、自分は書かずにはいられないのか、とご自分にたずねなさい」とたずねました（『若い詩人への手紙』）。この問いに対して「私は書かずにはいられない」と返事ができるのであれば、生活をこの必然性に従って、立てなさい、といいました。功名心や名誉心で詩を書くことなど、リルケにとってはありえなかったのです。

失敗を怖れない

自分に与えられた課題について、それによって他者に貢献できるかどうかということだけを考えられる人は、失敗を怖れません。「失敗したらどんな評価がされるか」などと気にすることがないからです。

失敗を怖れる人は、実際に結果を出さずに、やればできるのに、という可能性の中にだけ生きています。評価を怖れ、それを回避するために、結果を出さないというようなことは、自分にしか関心がない人がすることです。他の人に関心がある人であれば、課題が与えられれば、できることから少しずつでも始めていきます。

アドラーはこれを「不完全である勇気」「失敗する勇気」と呼んでいます。失敗していいといっているのではありませんが、失敗を怖れ、課題に取り組まないよりは、少しでも、課題に取り組むことのほうが重要なのです。

先に男性の事例について見た時にも言及しましたが、失敗を怖れる人は課題を前にしてためらいの態度を取ってしまいます。「はい…でも」といって、いったんは、課題に臨む意思を表明した上で、「でも」とそれができない理由を見つけてしまいます。「はい」とだけいって課題に取り組めば、できないと思い込んでいたことができることもありますし、課題を達成する能力があるかないかという以前に、制限は自分で課していたことがわかる場合もあります。

ここでいう失敗は、仕事の課題についてだけではなく、他の対人関係の課題についても当てはまります。失敗し、挫折感を持つことは、残念ながら人生においてたびたびあることです。しかし、人は失敗からしか学べないといっていいくらいですし、交友関係でも恋愛関係でも、自分の思いが相手に伝わらなかったり、誤解されたり、時には諍《いさか》いが起こるというような経験が、成長の糧になります。

このような場合、他の人は、自分の前に抵抗する存在として現れますが、この世界に自分の思うとおりにならない他の人が存在するということを知ることで、先にも見た共感能力を育むことができ、人が自己中心的な世界観から抜け出すための大きな力になると思います。

権力争いから降りる

競争しないというのであれば、権力争いからも降りなければなりません。当然、一人では喧嘩することはできないわけですが、相手の言動によって本気で腹が立つことがあれば、相手は権力闘争を挑んできているのです。

怒りの感情がなくても、自分は正しいのだと強く意識した時も権力争いに入っています。大切なことは、他の人とよい関係を築くことであって、自分が正しいことを証明できても、そのことで他の人との関係が終わってしまえば、意味がありません。

また、この権力争いという関係においては、焦点は、問題になっていることが正しいかどうかということから離れて、正しさをめぐる対人関係のあり方に移ってしまいます。

正しいかそうでないかは、本来、勝ち負けの問題ではありませんから、最初にある主張をしても、それが話し合いの中で間違っていることが明らかになれば、そのことを認めればいいだけのはずなのですが、間違いを認めると自分が負けたことになると思ってしまう人がいます。

そうなると、負けたくないという思いだけが重要になってしまい、ついには、自分が間違っていることがわかっていながら、後に引けなくなって不利な決断をすることにもなりかねません。

問題の解決を第一義的に考える人がいる一方で、問題の解決よりも、それをめぐる対人関係のほうを第一義的に考える人がいます。このような人は、問題を解決すること自体には、実はそれほど関心はないのですが、問題解決の手続きにこだわるのです。

例えば、自分が知らない間に事が進んでいて、事後承諾になってしまうことを不愉快に思う人がいます。そのような人は、合理的な解決であっても、自分が立てられなければ怒ります。

そのような人は、自分に不利なことでも負けたくないと思って自分の考えに固執するか、問題解決のためには本当は譲れないことであっても、相手との関係を損なうことを怖れて、自分の考えを主張しないかのどちらかです。

このように問題そのものではなく対人関係を重視する人との間で何かトラブルが起こり、そのことで困り果てた人がカウンセリングにこられることはよくあります。

その場合、カウンセリングにこられた人には、対人関係ではなく問題を解決することのほうを重視できるように援助します。

例えば誰と結婚するというようなことは、本人の課題であって、親の課題ではありません。親が何といおうと、基本的には、本人は、自分で判断してどうするかを決めればいいのです。

他方、親との話し合いの中で、自分の考えの間違いに気づいた時は、親に負けたと思わないで、ただ間違いを認めればいいのです。そうすることができないのは、対人関係を重視する人と同じで、問題の解決ではなく、問題の解決をめぐる対人関係のほうを重要視していて、自分の間違いを認めることが負けを意味すると考えているからです。

さらに、権力争いから降りず、正しさに固執し、相手に勝ってしまうと、相手は復讐を始めることになります。復讐の段階に入ると、こちらは腹が立つというより、なぜこんなことをするのかと嫌な気持ちになります。

七年半もの間、無言電話が毎晩かかってきたという先生がいました。ある日、ふとある教え子の顔が頭に浮かんだというのです。いつもかけてくるのはあの子かも、と思い当たりました。いつものように電話がかかってきました。受話器を取ってもいつものように無言のまま。先生は思いきってたずねました。

「○○君？」

電話口の向こうから返事がありました。

「はい」

関係が復讐にまで進んだ時に、若い人が一方的に不利な目にあうことになるのは、見ていて痛ましく思います。

それにしても、この先生はあまりに鈍感過ぎではないでしょうか。教え子のほうも、七年半も無言電話をかけるくらいなら他に適切な方法はないか、考えなかったのだろうか、と思ってしまいます。

主張しよう

ではどうすればいいでしょうか。復讐しなくても、してほしいこと、してほしくないことをはっきりと言葉で主張するしかないのです。具体的には、先に見たように、命令しないでお願いするのです。もっとも、人の関係は、対等なのですから、相手には断る権利があります。そのような場合には、引き下がるしかありません。

しかし、多くの場合、適切なやり方でお願いができていません。声を荒らげ、威圧的ないい方をしたり、そうでなくても、正論を「上から目線」で説けば、相手はいわれていることが正しいとわかっていても、認めようとしません。認めると負けることになると思っているからです。

このようにならないことに注意した上で、言葉ではっきりと主張し、また断れるようになれば、感情的になる必要はなくなります。自分の中に怒りの感情が起こり、それが声を荒らげさせるわけではありません。むしろ、相手に自分の考えを認めさせよう、人を動かそうという目的がまずあって、その目的を達成するために、怒りの感情を手段として創り出すのです。たしかにそれによって相手は怖れをなしていうことを聞いてくれるかもしれませんが、気持ちよく聞いてくれるわけではありません。

怒ることで人を動かすことに成功した人は、そのことが人との関係を悪くすることなど思いもよりませんし、怒りをコミュニケーションに使うことを止めることはできません。成功しなくても、主張するための他の方法を知らない人は、もう少し怒れば、相手が心を改め、自分のいうことを聞くのではないかという希望を捨てることができないのです。

しかし、感情的になってこれみよがしにドアを大きな音で閉める必要はありません。何をしてほしいか、あるいは、してほしくないということを言葉で伝えるか、せめて、自分が怒っているということを言葉で伝えればいいのです。「今のあなたのいった言葉で腹が立った（傷ついた）」というふうにです。

人と人を引き離す怒り

コミュニケーションがうまく取れている時は、相手を近く感じられますが、反対に喧嘩をして感情的になっている時は、相手が遠くなってしまいます。そのような時は、相手を受け入れることはできません。

恋愛についていえば、愛という感情が対人関係とは別に、ある日ふいに心の中で芽生えるというよりは、この人といいコミュニケーションが取れていると思うその瞬間に、相手が好きだと思えるのですが、怒りの感情が二人の間にある時には、愛はもはや存在しないのです。

そうすると、もともと相手と仲良くなりたいと思っていたはずなのに、怒りの感情があれば、相手との距離は遠くなることになり、本来願っていたことが達成できなくなってしまいます。距離が遠くなれば、主張は受け入れてもらえませんし、たとえ、相手が自分の主張を受け入れても、気持ちよく受け入れられません。相手との心理的な距離が遠ければ、正論であればあるほど相手の主張を受け入れることは負けを認めることのように思え、受け入れられないのです。

アドラーは、怒りは人と人を引き離す感情である、といっていますが（『性格論』）、何かを主張し、それを受け入れてもらうつもりであれば、関係をよくして距離を近くすることが必要です。怒りはその意味では有用ではありません。

父に対して声を荒らげたことがあったことを思い出しました。父が私の人生に踏み込んできたことがあって、その時私は生まれて初めて父に大きな声を出したのでしたが、そのことに自分でも驚き、すぐに恥ずかしくなりました。そこで、私は父にいいました。

「今のいい方は上から下に向かっていわれたように思った」

このようないい方を父が理解するかわからなかったのですが、父はこんなふうにいいました。

「私のいい方がよくなかったのかもしれない」

その後は、父は穏やかな口調で、それまで私が聞いたことがなかった若い頃の話をしてくれました。

責任を果たすということ

以上、見てきたように人生の課題にまっすぐに向き合おうとしないで、できれば回避したいと考える人は多いように思います。しかし、自分の人生の課題は自分で解決するしかありません。課題に直面した時に、その課題から逃れないで「私がします」といえる人を責任がある人ということができます。

たとえ人生が思うように進んではいないように見え、自分の人生なのにそこから少しでも逃れたいと思ったとしても、「誰がこの課題を引き受けるのか」と問われた時に「私です」といえることが、その人が引き受けなければならない「責任」です。責任は、英語では responsibility といいますが、これは「応答する能力」という意味です。ともすれば、さまざまな理由を持ち出して、人生の課題から逃れようとしてしまいますが、課題から逃れることなく、「はい、私がします」といえることが、責任を果たすということです。

この課題を回避するために持ち出される理由にはいろいろありますが、今の自分のあり方を人のせいにすることも、過去のこれやあれの出来事のせいにすることも止め、自分の人生に責任を持つことは、幸福に生きるために必要なことです。

もちろん、言葉としては、責任を取ることは大切だとたいていの人は考えているでしょうが、自分のことになるとなかなか責任を取れないことがあります。

例えば、人に嫌われることを怖れて、他者の考えに合わせてしまう人は、自分が正しいと信じたことを主張するという責任を取っていないといえます。自説を主張し、譲らなければ、多くの場合、考えを異にする他の人との摩擦を免れることはできません。

この場合、人に迎合しないで、たとえ他の多くの人が反対したとしても、自分が正しいと思うことを主張することに伴う責任は、他の人に嫌われることを引き受けることです。他の人の評価を気にかけず、人に嫌われることを怖れないことこそ、自由に生きるということです。

見方を変えれば、自分のことを嫌う人がいるということは、自分が自由に生きているということの証であり、自由に生きるために支払わなければならない代償だということができます。

誰にでもいい顔をし、人に合わせる人は、誰からも好かれるかもしれませんが、あらゆる人にあなただけを信じているといっていることが発覚した時に、まわりに人は誰もいなくなるでしょう。自分の考えを持たないで、人の考えに合わせる人は、自分の発言に責任を持たないという意味でも無責任ということができます。

先にあげた例でいえば、子どもの課題は子どもが解決しなければなりませんが、その際、自分の判断で選択したことに伴う責任を引き受けなければなりません。

たとえ、その選択が親の感情を害したとしても、それは親が解決しなければならない課題であって、子どもが引き受ける必要はないのです。

子どもの決断を親が悲しんだとしても、その悲しみは、親が自分で何とかしなければならないのであって、親を悲しませたくないと思って自分で決めたことを断念することはありません。

空気を読むというようなことも、その場の雰囲気を乱さないという意味で望ましいとされることもありますが、結局のところ、自分の考えがあっても、それを前面に出さず、その場の流れに委ねてしまうという意味で、無責任といわなければなりません。

空気を読めることが大切だとされるのは、協調性ばかりが重んじられるからです。話さなくてもわかれという圧力がかけられても、おかしいと思えば、空気を読んで黙ってしまうのではなく、勇気を持って主張しましょう。そのことは、多かれ少なかれ、波風を立てることになるでしょうが、何も主張しないとか、間接的に主張することでは、自分の主張は理解されません。間接的に主張するというのは、例えば、暑いのでエアコンを入れてほしいと思ったときに、「エアコンをいれて下さい」といわず、「今日は暑いですね」というようなことです。

こんなことであればわかってもらえるかもしれませんが、間接的に主張してもわかってもらえないことはありますから、重要なことは、間接的にいってわかってもらおうと思わないほうがいいでしょう。

摩擦を生じることがあっても、また、理解されないという可能性があっても、まずは主張することが対人関係をよりよいものにするための突破口になります。

必要なことなのに、主張すれば摩擦を生じると考えて、黙ってしまえば、その人は、自分にしか関心がないことになります。何かを主張すれば、それに反対する人もいるでしょうが、必要なことを主張すれば、他の人にも貢献することができます。

貢献感を持てることの意味

私は、これまで「貢献」という言葉を使ってきましたが、貢献できない人もあるではないかと考える人もあるかもしれません。

これについては、親にとっての子どもの存在を例に引き、特別なことをしていなくても、存在がすでに貢献することになると書いたのですが、実際に貢献していなくても、「貢献〈感〉」が持てることの意味について、次章で、「老いと病気」を扱う時にさらに考察します。

この章では、仕事について書きましたが、仕事ができない人もあるというのも本当です。仕事は生産的ですが、生産的であることだけが人生の価値であるというわけではありません。

以前、精神科のデイケアのスタッフとして働いていたことがありました。私の仕事は、患者さんたちと一緒に買い物に行き、昼食を作ることでした。私は元気な人たちと一緒に買い物に出かけ、料理を作りましたが、大半の人は、調子がよくなくて、手伝うことなく、横になっていました。しかし、料理を作っている人たちは、そのことはまったく意に介さず、皆、嬉々として料理作りに励みました。

やがて食事の用意ができると、手伝った人もそうでない人も一緒になって食事をしました。手伝ってないのだから食べてはいけないという人はいませんでした。いつか自分の調子が悪くなって手伝えなくなることを知っていて、その時は仕事を免除してもらうことにして、元気な時は手伝うということが暗黙に了解されていたのだと思います。社会全体としても、このように働かない人がいていいと思うのです。生産的でなければ価値がないという考えは検討の余地があります。

個人の問題としては、私たちは、いつも仕事をしているわけではありません。遊ぶことも大切なことですし、必要でしょう。仕事が人生の生産的な部分とすれば、遊びは非生産的な部分です。遊びについては、第五章で考えます。

第四章

老い、病気、死との向き合い方

老いの自覚がもたらすもの

若い人には老いることは自分には無縁のことにしか思えないでしょうが、若い人でも、病気になって、思うように身体を動かすことができなくなれば、身体能力の喪失感として、いわば急激な老化を経験することになります。

私は五十歳の時に、心筋梗塞で倒れました。心筋梗塞は心臓の病気というより、血管の病気であり、血管の老化といっていい病気です。動脈が硬化し狭窄《きょうさく》することが老化であり、この変化は、不可逆的で元には戻りません。心筋梗塞によって壊死した心筋も元には戻りません。

このような病気にならないとしても、遅かれ早かれ老化は始まります。ただし、いつ自分が老いたと感じるかは、人によって違うでしょう。私の父は、もはや若いとはいえない年齢の時に、電車の中で席を譲られることをひどく嫌っていました。年齢を重ねると、歯が弱ったり、老眼になったり、容色が衰えるなどして、老いを意識しないわけにはいかなくなります。

このような身体的な衰えだけではなく、加齢と共に、物忘れをするようになります。もちろん、同じようなことは、若い時にもあるのですが、物忘れをする頻度が増え、重要なことを忘れてしまって仕事に支障をきたすというような経験をすると、記憶能力が衰えることは深刻な問題になります。

私の父は、早くから物忘れがひどくなってきたことを訴え、「忘れたことに気づくのならまだしも、ひょっとしたら、私だけが忘れていることに気がついていないのかもしれない」といっていました。やがて父はアルツハイマー型の認知症になり、忘れてしまうことへの怖れをも意識しなくなりました。

歳を重ねても、このような記憶障害が必ず起こるわけではありませんが、忘れることが多くなってくると、若い人でも、認知症になるのではないかという怖れを持つことになります。この病気についてはよくわかっていないことが多く、それを防止する努力をしてみても、それが有効かどうかもわかりません。

老いは、このように早くから意識されることになります。老いを自覚するようになると、自分を過小評価することになり、そのことは強い劣等感を生むとアドラーは指摘しています（*Über den nervösen Charakter*）。

再び所属感について

仕事に就いていた人であれば、やがて退職する年齢を迎えます。定年のない仕事でも、人によって違いますが、遅かれ早かれ、能力の低下を自覚すると、仕事の内容、量を変更することを余儀なくされることになります。

老年の問題は、しかし、能力の衰えそれ自体にあるのではなく、アドラーもいうように、仕事の価値が、人の価値を評価する時にほとんど決定的だということにあります（*Über den nervösen Charakter*）。職責の上下が、人間としての上下と見なされる社会においては、まさにその仕事を離れた時、自分にはもはや価値がないと思い、仕事を離れてから失意の日々を過ごすことになってしまいます。

その時、もはや自分には価値がないのではないか、もはや自分は必要とされてないのではないかと考える人は、子どもがいうことを何一つ否定しないやさしい老人になるか、がみがみいう批評家になります（『子どもの教育』）。

先にも見たように、所属感、つまり、自分がここにいてもいいと感じられることは、人のもっとも基本的な欲求ですが、長年働いてきた人にとっては、退職し、職場にもはや行く必要がなくなった時が、人生の大きな危機の一つになります。

たとえ、退職後に悠々自適の生活をすることを楽しみにしてきた人であっても、組織に所属しないことから起こる不安は思いのほか大きく、しかも、仕事から離れた時には、もはや若くはなく、たとえ大きな病気にかかっているのではなくても、健康に自信がなければ、自分ができることには限界があることを意識することになります。

そんな「無所属の時間」が「人間を人間としてよみがえらせ、より大きく育て上げる時間」（城山三郎『無所属の時間で生きる』）であると思えるまでには時間がかかるかもしれません。では、どうすればいいでしょうか。

若い頃とは違う貢献感

アドラーが「大切なのは与えられたものをどう使うかだ」といっていることは先にも見ましたが、ローマの哲学者、キケローはこんなことをいっています。

「今、青年の体力が欲しいなどと思わないのは、ちょうど、若い時に牛や象の力が欲しいと思わなかったのと同じだ。在るものを使う、そして何をするにしても体力に応じて行うのがよいのだ」（キケロー『老年について』）

また、加齢と共に知力が衰えるといいますが、「本を脳の筋肉（そんなものがあるとすれば）でただ嚙み砕いているにすぎないような若いころ」（須賀敦子『ミラノ　霧の風景』）よりも、歳を重ねてからのほうが、人生や世界についての理解は深まると思います。

何日徹夜しても平気な体力や、寝食を忘れるほどの集中力が今はなくなったとしても、もはや若くはないこと、若い頃にはできたことが、今はできなくなったことを嘆いていては、ただ足踏みしているばかりで、少しも前に進むことはできません。

先に、「できると思うがゆえにできる」というウェルギリウスの言葉を引きましたが、老年の限界内においてであっても、何かに着手する時、年齢を理由にして、できることなのにできないと思い込んでいないか、振り返ることは必要です。

瀬戸内寂聴、ドナルド・キーン、鶴見俊輔が八十一歳の時に行った鼎談が、『同時代を生きて』という本にまとめられていますが、そこで繰り広げられる「知の饗宴」は、若者の追随を許しません。

しかし、それにしても、歳を重ねると若い時のようにできないことが増えてくるのは、本当です。そのような時にでも、失われた若さを嘆くのではなく、自分が何らかの形でまわりの人に貢献できていると感じたいのです。

自分の価値を以前と同じようにまわりの人にわからせようとすることはありません。

特別なことができなくても、そのことで、自分の価値がいささかも減ったと思わないでいられるのには、勇気がいるかもしれません。このことについては、すぐ後に病気について考える時に見ます。

ライフスタイルの違いに依存する

誰もが老いを同じように受け止めるわけではありません。

アドラーは更年期について、それは必ずしも危機ではない、といっています。それまでの人生において、もしも、若さと美にしか女性の価値を認めてこなかった人は、更年期になると、

「人目を引く仕方で苦しみ、またしばしば自分に不正がなされたかのように、敵意のこもった防衛態度を取って不機嫌になり、さらには、この不機嫌からうつ病になることもある」

といっています（『生きる意味を求めて』）。

しかし、すべての女性が若さと美にしか女性の価値を認めてこなかったわけではありません。

プラトンの『国家』では、ソクラテスが、ケパロスという信心深い温厚な老人と話をしています。人は年をとると、酒を飲んだり騒いだりセックスをするというような若い頃の快楽が今はないことを嘆き、かつては幸福だったが、今は生きてさえいないかのように、嘆き悲しみます。身内の者が、自分を虐待するとこぼす人もいます。

しかし、とケパロスは、ソクラテスにいいます。

「そういう人は、本当の原因でないものを原因だと考えているように私には思える」

老年が不幸の原因であれば、自分も同じ経験をしているはずなのに、そうではない、というのです。

「ソクラテスよ、それは老年ではなく、人の性格である。端正で足るを知る人でありさえすれば、老年はそれほど苦になるものではない。しかし、もしもそうでなければ、ソクラテスよ、そういう人にとっては、老年であろうが青春であろうが、人生は辛いものとなる」

老いも病気も、さらに死も、それらをどう受け止めるかは、ライフスタイルによるのです。アドラーは、こんなふうにいっています。

「身体が速やかに衰えたり、心が動揺することは、〔死ねば〕完全に消滅することの証拠である、と怖れる人は多い」（『生きる意味を求めて』）

後の死についての議論を先取りすることになりますが、アドラーは、死んでも人は完全に消滅するとは考えていないのです。ただし、それがどういう意味なのかは、考えてみなければなりません。

病気になった時

病気は、老いとは違って、いつ何時かかるかわかりません。年が若ければ、病気で死ぬことが特別視されることはありますが、病気になること自体は、年齢とは関係がありません。

健康な時には、自分と身体はいわば一体化していて、自分の身体の存在に気づかなかったのに、病気になると、身体に意識を向けざるをえなくなります。紙で指を切るというようなことでも、傷を目にした途端、痛みを感じ始め、痛みから意識を逸らすことができなくなります。

ところが、身体が異常を訴えていても、それに耳を傾けず、自分に都合のいいように解釈することがあります。私は、心筋梗塞で倒れる前から、速く歩けなくなるというようなことがあったのに、運動不足だから筋力が落ちたのだろうというふうに解釈していました。血圧も高く、夜も眠れない日が続いていたのに、このような事実には目をふさぎ、身体から発せられる警告を、自分にとって都合のよい解釈にすり替えることによって、無効にしようとしていたのでした。

ふと誰かの視線を感じ、顔を上げると、知らない人と目が合うことがあります。この時、その人は、必ず、こちらが気づく前に、自分に視線を向けていたはずなのです。身体の呼びかけとそれへの応答も、ちょうどこれと同じように、時差があります。時にこの時差は致命的なものになります。

しかし、多くの場合、事の深刻さにまったく気づいていないというわけではありません。実際には、気づいていたからこそ、家族らからの受診の勧めを拒むともいえます。医師から病名を告げられても、スイスの精神科医、キューブラー・ロスが不治の病について、第一段階は否認するものだといっているように「いや、私のことではない。そんなことはありえない」と事実を否認するのです。

他方、身体の声にただちに応答できる人があります。一病息災という言葉があるように、少しでも身体に異常が感じられればすぐに診察を受け、問題があれば手遅れになる前に何とかしようとします。

ともあれ、生涯一度も病気にならない人はありません。身体の声に耳を傾けない人にとっては、病気は人生に突如として現れるように見えるというだけのことです。

むしろ、どんなに自分が健康と思える時でも、いつでも病気になりうるということ、病気は避けることができず、病気になったのは、決して運が悪かったからではないということを知っていただきたいのです。

オランダの精神病理学者、ヴァン・デン・ベルクは、

「ほんとうに健康な人間は傷つきやすい身体をもち、その傷つきやすさに彼自身気づいている」

といっています（『病床の心理学』）。

もしも病気になる前にこのことに気づいていなかったとすれば、そして、病気になって初めて気づいたとすれば、そのことに病気になることの意味があるといえます。もちろん、病気になることを望む人はいないでしょうし、可能な限り、病気から無縁に生きられるに越したことはないわけですが。

心筋梗塞で入院していた時に、ある看護師さんが語った言葉を、今もよく思い出します。

「ただ助かった、で終わる人もおられるのですけどね。でも、これからのことを考え、ゆっくり休んで、お若いのですから、もう一度生き直すつもりで頑張りましょう」

「生き直す」という以上、それまでと同じであってはいけません。病気以前とは違った生き方を目指そうと思いました。

そのためには、病気になった時には、病気を自分のものとして引き受けること、幸い治癒しても、ただ助かったではすまさないこと、治癒した後もまたいつ再び病気になるかわからず、いつでもまた病気になりうるということを認めることが必要です。そのようにして、病気から目を背けず、病気に向き合い、病気の身体が語りかける言葉に応えられるようになりたいのです。

前章で責任については考えてみましたが、病気についても、この病気の身体が語りかける言葉に応える（response）ことができること（ability）が、責任（responsibility）を持つということであり、他方、応えられないことを無責任というのです。

病気からの回復

病気から回復するとはどういうことでしょうか。健康な時は、自分の身体について意識するることがありません。もちろん、まれに頭痛がしたり、胃が痛んだり、肩こりがするというようなことはありますが、痛みがいつまでも続くことはなく、ほどなく回復します。

ところが、痛みが長く続いたり、経験したことがない痛みを感じると、ひょっとしたらこれは何か悪い病気の兆候ではないかと不安にかられます。だからこそ、身体の声である痛みを無視したり、無効化するのです。しかし、このような操作によっても痛みを無視できなくなれば、そのような時、身体が、片時も意識から離れなくなってしまい、身体に支配されてしまいます。

それでは、回復はこれと逆のプロセスをたどると考えればいいのでしょうか。つまり、身体のことをまったく意識しない状態に戻るということが回復といっていいのかということです。

そのように考えることが必ずしも間違っているわけではありませんが、もしも身体のことを意識しなくなってしまえば、先に引いた看護師さんの言葉を使うならば、「ただ助かった」ですませることになると、私には思えます。

たしかに、体調が戻り、痛みから脱却できたのであれば、これを回復したと普通いうわけですが、回復した人の多くが、またほどなく病気になる以前の生活に戻ってしまいます。心筋梗塞になった人でさえ、喫煙を再開することがあります。また、入院中や退院後しばらくの間は、食事に注意し節制していた人も、また以前と同じ食生活に戻ってしまうのです。そのため、かなり減っていた体重が見る間に元に戻ってしまいます。

このようなリバウンドがありうるということの他に、病気になる以前のように、ただ身体のことを意識しなくなることを回復すると見ることができない場合があります。もちろん、身体のことを意識しなくてすむようになればありがたいことですが、病気の前の健康な身体に戻れないことがあります。

ですから、完治したとしても、ただ元に戻るのではなく、病気になることでそれ以前には気づいていなかったことを知ること、人が病気になることは避けられないことを知るということが大事だと思います。そのことによって、病後は、それ以前とは違ったふうに人生が見えてくることがあればそれが回復するということの意味だと思うのです。

ある日、突然ひらめいたことがあった、と免疫学者の多田富雄はいっています。多田は、脳梗塞によって、声を失い、右半身が不随になりました。手足の麻痺は、脳神経細胞の死によるものなので、元には戻りません。もしも、機能が回復するとしたら、神経が元どおりに回復したのではなく、新たに創り出されたのです。そのことを、多田は、もう一人の自分、新しい自分が生まれてきたのだ、といっています。

「今は、弱々しく鈍重だが、彼は無限の可能性を秘めて私の中に胎動しているように感じた。私には、彼が縛られたまま沈黙している巨人のように思われた」(『寡黙なる巨人』)

リハビリは、ただ機能の回復訓練を意味するものではありません。リハビリという言葉の元々のラテン語の意味は、元へ戻すというより、再び(re-)能力を与える(habilitare)ということです。問題は、その能力が何かということです。普通にいわれるように、リハビリがただ機能の回復を意味するのであれば、回復の見込みがなければ、リハビリを打ち切るという発想に結びつくことになってしまいます。

たとえ、目に見えた形で機能が回復することが困難なケースであっても、多田の言葉を借りれば、新しい人の再生は可能です。

病気からの回復は、このように、病気になる前の元の健康な身体に戻ることを意味しないこともあるわけです。私が病気になったことは、それ自体としては、決していいことではなく、失ったものは多かったのですが、それでも病気になって、「新しい人」が目覚めたことを強く感じました。

病気になることの意味

私は、今、病気になったことは、それ自体としては、決していいことではないと書きました。人が病気にならないということは決してありませんが、それでも、この世に理不尽な仕方で病気になる人は多く、そして、その病気のために亡くなる人の話を聞くにつけ、悲しみで胸がふさがることがあります。

『なぜ私だけが苦しむのか　現代のヨブ記』という本があります。著者のクシュナーは、ラビ（ユダヤ教の教師）で、幼い息子が、後十余年の命と宣告されました。理不尽とも思えるこの不幸に直面したクシュナーは、自分が信仰する神に問わないわけにいきませんでした。なぜ、息子がこのような目にあわなければならないのか、と。

自分が経験することでなくても、何の罪もない人がたまたまその場に居合わせたことで、暴漢に刺されるというようなことがどうして起こるのかと考えなかった人はいないでしょう。自分と同じ年頃の人が、病に倒れたということを聞き、本人の思いを想像して無念に思ったことは、多くの人が経験したことがあるのではないかと思います。

このようなことが起こるのは、神が善にして全能なることと両立しないのではないかという問いに、クシュナーは、神は悪の原因ではない、神は善だが、全能ではない、と考えました。また、病気や不幸は、神が人を罰するために与えたものでもなく、神の遠神の遠大な計画の一部でもない、と考えました。そして、

「現状はこうなのだ。私は、これから何をなすべきなのだろうか」

と問うのです。これは現状肯定ではありません。人は、苦しみや過去に焦点を合わせた問い、即ち、なぜ、この私にこんなことが起こったのか、から脱却し、目を未来に向ける問いを発するべきだとクシュナーはいうのです。

神といえども悲惨な出来事を防ぐことはできません。しかし、不幸を乗り越える勇気と忍耐力を与えてくれます。この力をいったい、神以外のどこから得られるか、とクシュナーは問います。神を持ち出すのは、クシュナーがラビであるから当然ですが、神を持ち出さなくとも、病気、事故、災難から立ち直っていく人の姿に心を打たれます。

話を元に戻すならば、病気になること自体は、このように理不尽なことに思え、そのこと自体に意味はないでしょう。私自身の経験でいえば、キューブラー・ロスの言葉を借りると、自分が病気になったことを「否認」したいことはたしかにあったのです。酒もたばこもたしなまないのに、こんなに若いのにどうして心筋梗塞になったのだろう、と思わないわけにいきませんでした。

生命そのものの絶対的なありがたさ

病気になって初めて健康のありがたさがわかるといわれることがあります。しかし、健康のありがたさについて語ることは、健康を再び取り戻せることを前提としています。

小説家の北條民雄は、作中人物の「尾田高雄」に、ハンセン病になって以来、「生への愛情」だけを見てきて、「生命そのものの絶対的なありがたさ」を知った、と語らせています。この病気には、当時は有効な薬も治療法もなく、患者は隔離されて生きることを余儀なくされていたのでした。絶望した「尾田」は、これはと思う木を見つけ、縊《い》死《し》を試みましたが、失敗しました。彼はそのことに動揺しましたが、「ようやくゆるんだ帯から首をはずしてほっとした」といいます。もう一度首をかける気にはなりませんでした（『いのちの初夜』）。

今後よくなる見込みがない時には、健康のありがたさではなく（それは取り戻せないのですから）北條がいう「生命そのものの絶対的なありがたさ」を知るというほうが、患者の思いを適切に表現しているでしょう。

無時間の岸辺――今、ここに生きる

以上のことを念頭に置いた上で、たとえ、病気によって身体的に元には戻れなくても、何を学ぶことができるかを考えてみたいのです。

まず一つは、患者（そして家族）は「無時間の岸辺」に打ち上げられるということがあります。「無時間の岸辺」は、先に引いたヴァン・デン・ベルクの言葉です。

「あらゆることは時間とともに動いてゆくが、患者は無時間の岸辺に打ち上げられるのだ」（『病床の心理学』）

病気になると、仕事の約束をキャンセルせざるをえなくなることなどから、明日は、今日の延長ではなくなります。当然くると思っていた未来がなくなってしまうのです。実際には、病気になる前でも、未来がくることは自明ではなかったはずなのですが、健康な時は、そのことが見えていなかったのです。

ヴァン・デン・ベルクはいっています。

「人生をもっとひどく誤解しているのは、だれだろうか。健康な人たちではないか」

（『病床の心理学』）

「明日が必ずくるとは限らない」ということに思い当たることには、肯定的側面もあります。病気になって、時間がなくなる経験をした人は、その後、時間についてそれまでとは違う見方をすることになります。これこそが、病気になった時に学びうることです。

アリストテレスがキーネーシス（動）とエネルゲイア（現実活動態）について、次のように対比して論じています（『形而上学』）。普通の運動（キーネーシス）には、始点と終点があります。その運動は、効率的に速やかに達成されるのが望ましいので、快速や急行に乗れるのであれば、わざわざ各駅停車の普通電車に乗る必要はありません。目的地に着くことが重要であり、目的地に至るまでの動きは、目的地に着いていないという意味で、未完成で不完全です。

他方、エネルゲイアは、今「なしつつある」ことが、そのまま「なしてしまった」ことであるような動きです。どういうことかというと、この動きは、先の始点と終点がある動き（キーネーシス）とは違って、今していることが、それがどこかに到達したかどうかに関係なく、すでに完成しています。

例えば、ダンスは、今踊ること自体に意味があるので、ダンスをしてどこかへ行こうとする人はないでしょう。旅もエネルゲイアとしての動きの例になります。家を出た瞬間から始まるのが旅です。目的地に着く前であっても、その時々がそのまま旅です。旅においては、常とは違う時間が流れ始めます。効率的に旅をすることに意味があるとは思えません。

それでは、生きることは、どちらの動きでしょうか。人生が、始点（誕生）と終点（死）のある数直線のようにイメージされることがあります。

「あなたは今、人生のどのあたりにいますか」とたずねると、若い人は、真ん中よりも左のほうを、年配の人は右のほうを指します。しかし、折り返し点までは遠いとか、折り返し点を過ぎてすぐのあたりのところにいるというようなことは、これからも長く生きることを前提にしていっているわけで、本当のところは誰にもわからないはずなのです。

七十年、八十年生きられるのであれば、折り返し点を過ぎたといってもいいのでしょうが、人は誰もがすでに折り返し点を過ぎているかもしれないのです。

病気になると、人生をこのように線分でとらえることができなくなってしまいます。この先まだ続くと思っていた未来がないかもしれないという現実に直面するからです。

生きることは、始点と終点のある動きとしてではなく、ダンスを例にあげられるような、エネルゲイアとしての動き、つまり、どこかに到達することを待たなくても、刻々の「今」「生きてしまっている」というのが、生きることなのではないでしょうか。

私の母は四十九歳で脳梗塞で亡くなりましたが、子どもたちが大きくなったら旅行したい、と口癖のようにいっていました。病気で倒れた頃には、子どもはとうに大きくなっていたのに、それでもこの計画は実行されることはありませんでした。母は病床で、旅行は行ける時に行くものだ、といっていました。したいことを理由をつけて先延ばしにしていたら、いつまでもできないことになってしまいます。

しかし、それでは、人生を突然終えることになった人は、よくいわれるように、志を遂げずに道半ばで倒れたことになるかというと、そうではない、と考えたいのです。「道半ば」という表現は、人生を空間的にとらえていることを示しています。生きることをエネルゲイアと見て、人は、生きつつありながら、同時に生きてしまっていると見れば、明日を待たなくても、人生は今ここで完成しているといえるわけです。

このことに思い当たれば、病気からの回復を待たなくても、あるいは、たとえ回復することがなくてもいいことになります。ヴァン・デン・ベルクが、患者が「無時間の岸辺に打ち上げられる」という時、そのことの意味は、時間そのものがなくなるというよりも、時間について、それまでとは違ったとらえ方をするようになるという意味であることがわかります。

「ある」ことで貢献できる

アドラーが、問題行動があって、父親が施設にあずけるしかないとまで思った少年のケースを引いています（『教育困難な子どもたち』）。この少年が、病気になって、一年もベッドに寝たきりになりました。病気は治癒し、復学できました。その後、彼はがらりと人が変わったというのです。

彼は、それまでは自分が他のきょうだいよりも冷遇されていると感じていたのですが、長い病気の間に、誰かが絶えず自分のことで尽力してくれるということを知ったのです。自分は冷遇されているのではないこと、両親に愛されていることが理解できたのでした。

病気を経験することによって、この世界についての見方を変えました。それまでは、他者は敵であると思っていたのに、家族が献身的に看病してくれることを知って、自分は本当は愛されていること、他者は敵ではなく、仲間であることを知ったわけです。

しかし、誰もが彼と同じ見方をするようになるわけではありません。病気になった時、普段は自分のことをあまり省みないと思っていた家族が献身的に自分の世話をしてくれることを知った子どもが、病気になれば、家族の注目を引けることを学んでしまうことはあります（これは、子どもに限りません）。

ところが、病気から回復すると、通常は病気であった時のような注目を得ることができなくなります。それが回復するということです。病気になる前から自己中心的にものごとをとらえていた人は、病気が治って、格別の注目を得られなくなると失望し、医学的には何の根拠もないのに、病気がぶり返すことがあります。

ここでは、他者からの注目が得られるかどうかということには関わりなく、病気という経験を通じて、自分がたとえ自力では何もできないとしても、自分が生きているということそれ自体にすでに価値があることを強調したいと思います。

このことは、自分ではなく、他の人、例えば、家族や大切な友人が病気になった時のことを考えてみればわかります。生きていることがそれだけでありがたいと思えるでしょう。そして、病気の家族や友人のために自分が何か力になれること自体が喜びになります。たとえ、病者自身からは感謝されることがないとしてもです。感謝されなくても、自分が病んだ人のために何らかの形で貢献できると感じられることで十分なのです。

私は長くアルツハイマーの父の介護をしましたが、砂絵のように古い記憶の上に次々と新しい記憶が重ねられていく父は、今ここにだけ生きていました。過去には父との関係でいろいろありましたが、今は父が穏やかに晩年の日々を過ごしているのを見ることができてよかったと思っています。

もしも家族や友人が病気になった時に、生きていることとそれ自体を喜びと感じられるのであれば、自分が病気になった時に、自分もまた他の人が貢献できる喜びを持てる機会を提供していると考えていいと思うのです。もちろん、このように思えることには勇気がいるでしょう。

私自身の経験でいえば、病気になった時、ただただ他の人に迷惑をかけてしまったという思いから抜け出すことはできませんでした。しかし、そう考えることは、他の人を信頼できておらず、アドラーの言葉を使うならば、他者を「仲間」とは思えていないということになります。

心筋梗塞で倒れる少し前に、若い頃に机を並べて学んだ友人から、大学の教授になったという挨拶状を受け取りました。もうとうの昔に私は他の誰とも違った生き方を選んだと自負していたはずだったのですが、一時は、私も大学で教えることを強く願っていたので、その友人からの葉書が私の心を刺激し、いつまでも忘れることができないことに驚きました。素直に友人の昇進を喜べず、嫉妬したのだと思います。

入院後しばらくして、彼のことを思い出しました。家人に頼んで葉書を持ってきてもらい、そこに記されたアドレスに病室からメールを出しました。すると、たちどころに返事がきて、その日のうちに再会がかなったのでした。もちろん、彼は多忙だったはずなのに、私のことを心配してかけつけてくれたのでした。その時、先に引いた北條民雄の言葉を使うならば、私は「生の絶対的なありがたさ」を感じたのでした。

何もかも失ったとしか思えなかった自分のことを気にかけてくれる人が、この世に存在することを知りえたことは、病気によって得た貴重な経験でした。

避けられない死

人が生きていく時に、避けて通れないのが死の問題です。それをどれだけ意識するかは、人によって違うでしょうが、人が人生の最後に必ず死を迎えるという事実は、人の生き方に影響を与えないわけにはいきません。

ギリシアの哲学者であるエピクロスは、次のようにいっています。

「もろもろの悪いもののうちでもっとも怖ろしい死は、われわれにとって何ものでもない。なぜなら、われわれが存在する時、死は存在せず、死が存在する時には、われわれは存在しないからである」(Diogenes Laertius, *Vitae Philosophorum*)

これは、たしかに一つの見識といえます。私たちは、「他者の死」を目にすることはできますが、「私の死」を生きている間に経験することはありません。私の死は、死んで初めて体験されるのであり、今、生きている間には、死は存在しないといえます。

しかし、私たちにとって死が怖いのは、死がどういうものなのか誰も知らないからです。知らないことは人を不安にさせます。臨死体験をする人はありますが、臨死はあくまでも死の近くに行くことであって、死そのものではありません。

臨死体験した人が、死ぬのが怖いことではなくなったといっているのをよく聞きます。もしもその証言が本当なら、死を怖れずにすむかもしれませんが、残念ながら、死んだ人は誰もこの世に戻ってはこないのでその真偽は確かめようがありません。

他方、死は怖いといいながら、自分だけは死なないと思っている人も多いのです。たとえ、瀕死の重傷を負っていても、自分は死なないという希望を捨てることはありません。

私が救急車で病院に運ばれた時、意識はありましたから、医師から心筋梗塞という病名を告げられたことも覚えています。まだ早すぎるのではないか、こんなにあっけなく死ぬのか、死ぬとは寂しいものだ、と思いましたが、死ぬとは思っていませんでした。呆然として、何も考えられなくなってしまっていたのかもしれないのですが。

それでも、生還した後、死の淵まで歩いたこの時の経験から、多くのことを学びました。「臨死体験をしましたか」と無邪気にたずねる人もありました。もちろんそんなことはありませんでしたが、臨死体験をするまでもなく、生還後は「死」に対する意識が変わりました。この時、完治したわけではなく、死を怖れなくなったどころか、翌年、冠動脈バイパス手術を受けなければならず、心臓の不調は即、死の怖れですから、死はいっそう私の意識から離れなくなりました。

死の怖れを克服する

死は、先に見たように、死んで初めて存在するのではなく、生の真っ直中に存在しているといえます。もちろん生の真っ直中にある死は、死そのものではなく、もっぱら死の怖れという形で生の中に存在します。

死を怖いものとして否定的に見ることには、実際のところは死んでみないとわからない以上、そのように見ることには目的があると考えることができます。ソクラテスは、死について、それが怖ろしいものだと考えるのは、知らないのに知っていると思っていることだといっています（プラトン『ソクラテスの弁明』）。

それにもかかわらず、死への怖れを創り出すのは、人生の課題に取り組むことを回避するためだと考えることができます。

困難なことであっても人生の課題を解決しうると考えられるようになれば、死や病気を怖れることを理由にして人生の課題を回避する必要はなくなりますから、その時、死や病気は怖いものではなくなります。

それでもなお、人間が必ず病気になり、死ぬという死固有の問題は残りますが、まずは、人生の課題に向き合わないために死を怖れるということがあるのなら、人が他の人生の課題を回避しようとしている時と同じ態度を取ろうとしているといわなければなりません。

死は、その意味で、それだけが特別なものとして生とは別にあるわけではなく、生の一部であるということができます。

死を無効化しない

死の怖れから逃れるために人が行うことは、死を無効化することです。人は死なないとか、本当は死んでないと納得しようとします。キューブラー・ロスのように、死をこの人生から別の存在への移行にすぎないと考えたり（『永遠の別れ』）、生きている時とは形は変わるけれども、無になるわけではなく、例えば、風になるというふうに考えるのです。

このようなことが実際にあってほしいと願う気持ちはもちろんわかります。死んでも無にならないと信じられればこそ、死の怖れを克服でき、残された人も、時の経過と共に死んだ人との別離の悲しみが癒されるわけです。

報われないとしても

私の母は義母の介護のために仕事を辞め、子どものためにも人生の大半を捧げたといってもいいくらいなのですが、いよいよこれから自分の人生を楽しめるという矢先に脳梗塞で亡くなりました。母のような人生が、はたして報われるのかと思ったことがあります。スイスの哲学者、ヒルティがこんなことを書いています。

「地上で罰が加えられないことがあるのは、われわれの見解からすれば、むしろ、この世ですべての勘定が清算されるのではなく、必然的になおそのさきの生活があるにちがいない、という推論を正当化するであろう」（ヒルティ『眠られぬ夜のために』）

このようであればいいのに、とたしかに思うのです。

ただ、私は、悪人が罰せられなかったり、善人がこの世で報われないのであれば、そのことが、来世があることの証拠であるという、証明できない考えに希望をつなぐことはできないのです。

それに、人が報われることをことさらに求めない生き方をしてきたのであれば、死んでから後に報われることを必ず求める必要はないということも知っておきたいのです。

パーソナルではない死

以前は、私は、人が死によって無になるのではなく、不死であればいいのに、と思っていて、しかも、その不死ということが、人格や個性を保持した上でのことであることを願っていました。

ですから、死んだ時に、人格や個性が何か大きなものと一体化するのならば、あるいは、自然の循環の中に戻るのならば、その時、私は私ではなくなるわけですから、そのような形での不死は、私が望む不死ではなかったのでした。

しかし、病気をして以来、何か大きなものと一体化することで個性が消えるとしても、それどころか、死んだら何もかもなくなるとしても、それでもいいではないか、と思うようになりました。

それというのも、まず、こうして生きている時ですら、私という人格は、私だけでは完結しているわけではないということに思い当たったのです。今でも、他者から切り離された「個」性では〈ない〉からです。

次に、自己に執着することから離れ、自分への関心を他の人へと向けることが重要であるということを先に見たのですが、私がどうなるかということを第一義的に考えるのでなければ、死後に個性が維持されないかもしれないなどと怖れることはないと思うのです。

次の世代に

ここで注意しておきたいことは、先にも一度引いたのですが、アドラーが次のようにいっていることです。

「身体が速やかに衰えたり、心が動揺することは、〔死ねば〕完全に消滅することの証拠である、と怖れる人は多い」（『生きる意味を求めて』）

アドラーは死ねば人が無になるとは考えていないのです。しかし、アドラーは、私の個性が無になる、あるいは、ならないということを、直接には問題にしているわけではありません。

アドラーは次のようにいいます。

「〔人生〕最後の試験は、加齢と死を怖れることである。子どもという形で、あるいは文化の発展に貢献したことを意識することで、自分の不死を確信している人は、加齢と死を怖れることはない」（前掲書）

別のところでは、時間は有限で、人生の最後には必ず死がくるが、その中にあって、共同体から完全に消え去ることがないように願う人に不死を約束するのは、全体の幸福に貢献することであるといっています。この全体の幸福に貢献することの例として、子どもと仕事をあげています（*Superiority and Social Interest*）。

形は人によって違っても、何かを残すこと、それによって、後世の人に貢献できることに意味があります。その際、この私が残るかどうかは大きな問題になりません。アドラーが、母親の仕事として子どもが社会に有用で役立つ人になる道を開くことをあげているように、人が子どもを作るのは自分の血を絶やさないためでもなく、将来、自分が老いた時に子どもに面倒を見てもらうためでもないのです。

キケローは、『老年について』の中で、ローマの劇作家、スターティウスの「次の世代に役立つようにと木を植える」という言葉を引いています。今、種を蒔いても、その結果を、生きている間には、自分では見ることができないかもしれません。

ルターの言葉として、しばしば引かれる言葉があります。

「たとえ世界が明日終わりであっても、私はリンゴの樹を植える」

いずれの言葉も、文字どおり、実際に木を植えるという意味ではないでしょう。たとえ成果を自分自身で見られなくても、後世に何かを残すことが、不死の一つの形である、といえます。

さらにいえば、形になることでなくてもいいのです。内村鑑三が『後世への最大遺物』に、この世を去る時に、この「地球」(国家ではないところが私の注意を引きます)を愛した証拠を残しておきたい。では、何を残すかということで、残せるものの候補をあげています。

まず、第一は「金」です。ただし、内村は、「金を儲けることは己のために儲けるのではない。神の正しい道によって、天地宇宙の正当なる法則にしたがって、富を国家のために使うのであるという実業の精神がわれわれのなかに起らんことを私は願う」といっています。問題は、誰もがお金を残すことはできないということです。

そこで、内村は、後世への遺物の第二の候補として、事業を、さらに第三の候補として思想をあげています。しかし、これらは「最大」の遺物にはなりません。なぜなら、誰もが事業や思想を残せるわけではないからです。

そこで、内村は、誰もが後世に残せるという意味で最大の遺物として、「生涯」をあげています。形として何かを残した人でなくても、また、無名の人であっても、ある人が生きたということは、後世に伝わっていくわけです。内村は、このように書いています。

「私が考えてみますに人間が後世に遺すことができる、ソウしてこれは誰にも遺すところのできるところの遺物で、利益ばかりあって害のない遺物がある。それは何であるかならば勇ましい高尚なる生涯であると思います」

先に、私はたとえ死ねば無になるという可能性、また、無になるわけではないが、個性がなくなるという可能性について考えてみましたが、残されたものの視点から考えると、個性が消えてしまうことはないようにも思います。内村がいうように生涯を残すことは、その生涯を生きた人から離れては考えることができないからです。

さらにいえば、胎児は自己意識がないからといって人ではないと単純にいうことはできず、胎動を感じる母親が胎児は間違いなく人であると思うように、また、脳梗塞で意識がなかった私の母が人であったように、人は死んでも残されたものにとってはずっと同じ人としてあり続けるといえます。

キケローの『老年について』においては、語り手のカトーが、敬愛する人について「この人が世を去れば、教えを受くべき人は誰もいなくなる」と書いています。たしかに、亡くなった人からは、もはや、直接何かを学ぶことはできません。しかし、その人が残したものがあれば、それを読むことができますし、生前に交わした会話、その人が語った言葉を覚えています。

主眼は、人ではなく、語られた言葉そのものにあるでしょうが、何十年も前に亡くなった人であっても、その人の語った言葉が自分の中で生きた力となって働いていることを強く感じる時、同時に、その言葉を語った人も不死であると感じます。死者にとっては、これも一つの不死の形であるといえます。

生涯を残すといっても、無名の人であれば残らないではないかという人はあります。しかし、それをいうならば、天才といわれる人たちでも、人類に貢献しなかった人は、この世界に跡形も残していない、とアドラーはいっているのです。決して、歴史の教科書に残ることはない人であっても、残された私たちが、その人の生涯から教わるということはあるでしょう。

ただ、翻《ひるがえ》って、自分のこととして考えてみると、先に、死後に待ち受けている死がパーソナルなもの、つまり、「私」がなくなるような死であってもいいのではないか、といった時に注意したように、たとえ、この私が忘れられることがあっても、自分を忘れてしまう後世の人を責めることはできないと思います。

自分のことは忘れられても、自分が後世に貢献し、たとえ一人であっても、誰かに影響を与えることができれば、それは望んでもいいささやかなことではないか、と私は考えています。事実、私たちは、名前は知らなくても、形はさまざまであっても、多くの人の尽力によって今、生きることができているのです。

重松清の小説に、癌で逝った妻が亡くなる直前に書いた手紙を夫が読む話がありま す

（『その日のまえに』）。彼女はその手紙を看護師に託し、夫は彼女の死後、看護師からその手紙を受け取りました。ペーパーナイフで封を切ると、出てきたのは、一枚の便箋。そこには、ただひと言こう書いてありました。

〈忘れてもいいよ〉

「よく生きる」という具体的内実

結局のところ、死がどんなものかはわからないのです。これから、どれくらい生きられるかもわかりません。しかし、死がどのようなものであるかによって、今の生き方が違ってくるというのではなく、生きている限りは、死がどのようなものであれ、それとは関わりなくどう生きるかを考えていくというのが、死について考える一つの道筋だ、と私は考えています。

死がどのようなものかわからず、これからどれくらい生きられるかも自分では決められないのであれば、そのことについて思い煩っても意味がありません。アドラーがいうように、「ただ生きるために汲々とし、生きることが困難である人があまりに多い」（『人間知の心理学』）ように思います。

それなら、長く生きようということにばかり注意を向けず、与えられた生の中で、できることをするように努めるしかないわけです。

アドラーが、

「大切なことは、何が与えられているかではなく、与えられているものをどう使うかだ」（『人はなぜ神経症になるのか』）

といっていることは、生の問題全般に当てはまる、といえます。

では、与えられた生をどう使うか。プラトンの言葉を借りるならば、これから生きるはずの時間を、ただ生きるのではなく、「よく生きる」ために使いたいのです。アドラーはこういっています。

「人生は限りのあるものであるが、生きるに値するものであるには十分長い」（『子どもの教育』）

大切なことはよく生きることである、とプラトンが対話篇中でソクラテスに語らせている「よく生きる」ということの具体的な内実は、アドラーが与えています。

「私に価値があると思えるのは、私の価値が共同体にとって有益である時だけである」（*Adler Speaks*）

先に見た言葉でいえば、私が他の人に役立っていると思える時に、そんな自分のことを好きになれるということです。そのように思える時、この生は生きるに値すると思えるでしょうし、そのように思えるよう他の人と関わるためには、対人関係を主な内容とする人生の課題を回避するわけにはいきません。

人生に意味がない、とか、目的がない、と考えるのは、人生が自分の思うとおりにならないと思う人だけです（『人生の意味の心理学』）。

幸運に期待し、自分では何もしなくても、まわりの人が自分のために動いてくれるという甘やかされた子どものライフスタイルを保持したまま大人になった人は、現実の厳しさに目が眩むような思いがします。この人生には意味がない、と考えることには、目的があります。そのように思うことで、人生の課題を回避しようとしているのです。

死の問題に戻るならば、死のことを考えないために、よく生きることだけに注意を向けるといっているのではありません。満ち足りた恋愛関係にある人は、この恋は永遠に続くのだろうか、と先のことを心配しません。心配する必要がまったくないほどに、充実しているからです。

先のことをいささかも考える必要がないくらい充実していれば、その時、恋愛は成就するともいえます。反対に、充実していなければ、先のことばかりが気になり、不安になります。

人生も同じではないでしょうか。よく生きることに専心していれば、先のことは気にかからなくなります。死んだらどうなるかについてまったく考えないということはないとしても、そのことにばかり意識が向くとすれば、この生をよく生きれていないからであるといえるでしょう。

第五章

毎日の中にある、幸福になるための発見

ふと足を止めて

第四章で、アリストテレスが、キーネーシス（動）とエネルゲイア（現実活動態）を区別していることを見ました。その際、通勤や通学における動きを、始点と終点があり、その間は可能な限り効率的に動かなければならないキーネーシスの例としてあげたのですが、通勤や通学などの日々同じことの繰り返しに思える日常の生活においても、エネルゲイアとして生きることはできます。

旅に出なくても、通勤電車の中からでも、窓の外の景色にしばし心を奪われるということがあってもいいと思うのです。そんなふうに思えるようになれば、効率が求められる日常生活も、同じことの単なる繰り返しではなくなります。

また、病気という非日常的な体験をしなくても、「明日を今日の延長として生きない」ことは可能です。しかし、明日も今日の延長と捉えてしまうばかりか、これから先の人生が見通せると思い込んでいる人も多いように思います。若い人が早くも人生設計をしているのです。

今は、先が読めない世の中だという人があるかもしれませんが、まだ社会に出る前の若い人や、あるいは子どもの将来の進路を子どもに代わって考えている親が、進学校に入学し、一流と見なされている大学を卒業さえすれば、安定した一生が待ち構えているかのような錯覚をすることはありえます。しかし、たとえ、難関大学に合格することができ、その後の人生が先まで見えると思っても、それはそう思えるというだけであって、本当に、先が見えることはありません。

なぜ彼らが先まで見えると思えるかといえば、今のこの人生に薄ぼんやりとした光しか当てていないからです。もしも、強い光をスポットライトのように「今、ここ」に当てれば、先は少しも見えなくなります。

先が見えないと、たしかに不安にはなりますが、今日のこの一日は、今ここで、完成すると見れば、先のことを思って不安にならなくてもいいのです。明日を今日の延長にしないで生きるためには気迫がいりますが、そのような生き方こそ、先に見たエネルゲイアとしての生き方であるといえます。

大げさなことをいっているわけではないのです。朝、冷蔵庫を開けて、さて、今晩、何を作ろうか、と考えている自分にふと気づいて、苦笑することがあります。準備周到といえないことはありませんが、これから一日が始まるのですから、夕方までの生を生きるのが先決で、夕食のことは、朝から考えなくてもいいと思うのです。

私は、小学生の時は、中学生になった時のことを考えていました。中学生になると高校に入ることばかり考えていました。今、振り返って、その時々をもっと楽しめばよかったと思うのです。進学するためには、試験を受ける必要がありますが、その時々の人生は、それに続く人生の準備期間ではないはずです。

「今は仮の人生だが何かが実現すれば本当の人生が始まる」のではなく、今こそが、「本当」なのであり、今は、リハーサルではなく、本番なのです。

以前、勤務していた内科の診療所で、よく私の父と同年代の人のカウンセリングをしていました。カウンセリングの最後に、毎回、「今日の話を忘れないように、ノートに要点をひと言で書いてください」と頼む人があって、私は、「また、今日も同じことを書きますよ」といって、よく、「人生を先延ばしにしない」と書きました。人生の先輩に私のような若輩が書くことではないとも思いましたが、先延ばしにしないということは、幸福になるための一つのちょっとした、しかし、大切な心構えだろうと思ったのでした。

永遠を見据えて

このようにして今に集中して生きることができれば、ふいに訪れる好機を見逃さないでいられるようになります。何が好機かを見極めるのは簡単なことではありませんが、人がふと語る言葉が人生の大きな転機になるということはありえます。

他方、今に集中して生きるのと同時に、「永遠の時間があるかのように」事に取り組むことも必要です。哲学者の森有正はこのようにいっています。

「しかしあわててはいけない。リールケの言ったように先に無限の時間があると考えて、落ち着いていなければならない。それだけがよい質の仕事を生み出すからである」（森有正『日記』）

仏教学者の鈴木大拙《だいせつ》は、九十歳になって、親鸞の『教行信証《きょうぎょうしんしょう》』の英訳に取り組み始めました。年譜によると、全六巻の英訳が完成したのは九十三歳の時でした。大拙は、食事以外の時間は翻訳に取り組み、一日十ページのノルマを達成できなければ、その日は終わらなかったそうです。

大拙の世話をしていた岡村美穂子は、そのような様子を見て、本来の仕事や歳を省みることがないことにはらはらしながら、時に腹を立てたと書いています（上田閑照、岡村美穂子編『鈴木大拙とは誰か』）。

この話を初めて読んだ時、鈴木大拙の年まで生きられるとして、何年も要することがわかっている仕事を引き受けることができるだろうか、引き受けるとしても、いったい、後何年の命が残されているかを考えてしまうだろう、と思いました。その上で、完成の見込みがないと思えば、仕事を引き受けないだろう、と思いました。

しかし、考えてみれば、鈴木大拙のこの仕事だけが特別なのではなく、日頃取り組んでいるどんな仕事も、必ず最後までやりとげられるかはわからないのです。しかし、完成できないかもしれないと思っていては、どんな仕事にも着手することはできません。

アドラーは次のようにいっています。

「自信があり、人生の課題と対決するまでになった人は、焦燥したりしない」(『生きる意味を求めて』)

「時間がない」という理由で仕事を引き受けない人は、人生には限りがあるということを、課題に取り組まないための理由にしているともいえます。アドラーがいっていることを逆にいえば、自信がない人が焦るのであり、その焦燥を説明するために、時間が有限であることを持ち出すということができます。

二重の生き方

このように、先のことも見据え、かつ、今ここに集中するという二重の生き方が求められます。即ち、現実がどうであれ、「理想を見失わないこと」と、「今、ここに生きること」を両立したいのです。

危険に満ち、競争しなければ生き残れないような今の社会の現実を見ると、アドラーがいう、「他の人を仲間と見る」「他の人に貢献する」ということは、現実とはかけ離れていると見る人があるかもしれません。

しかし、理想は現実ではないからこそ、理想といえるのです。先を見据えているからこそ、今、目前に起こる、これやあれによって動揺することなく、今ここに集中できるともいえます。一歩も前に進めないように思えるような出来事に遭遇しても、長い目で見れば、あるいは、後になって振り返れば、人生における大きなエピソードではあったけれども、致命的なことではなかったといえることはよくあります。

ただ、このようなことを不幸（と思えること）の渦中にある人にいってみても、わかってはもらえないかもしれません。明日、痛みがなくなるといわれても、「今」の痛みは少しも止まないように。神ならぬ私たちが、身近な人の理不尽な死に遭遇した人のような不幸の渦中にある人に、すべては神のはからいだといってみても、多くの場合、少しも勇気づけにはならないと私は考えています。

人生においては、たしかに道を見失わせるような出来事はあるのですが、理想を「導きの星」（『生きる意味を求めて』）として持ち続けていたいのです。そうすれば、他のすべてのことは、理想に到達するまでの道筋において起こることであり、たとえ一時的につまずくことがあっても、絶望しないでいられると思うのです。

そのことがわかっていれば、その時々でつまずいたことにいつまでも固執することはなく、別のことを始めることができます。最終的に達成するべき理想こそ、究極目標であり、この究極目標が、「幸福」なのです。

目的、目標にフォーカスする

このような究極の目標を見据えていなければ、目先のことを究極のものと間違えてしまうことがあります。目先の目標は最終の目標ではないはずなのに、その目標を達成することと自体が目標になってしまいます。それに固執してしまい、もしもそれが究極の目的達成のために有用でないということが判明した場合でさえ止めることができなくなってしまいます。

あるいは、その目的を達成さえすればいい、と考えて、達成に至る過程を楽しむことができなくなってしまうこともあります。大学に合格すれば、あるいは、結婚すれば、後は幸福が待っていると思う人もあります。これらのことは、人生の出発点の一つではあっても、決してゴールではないでしょう。

究極の目的、目標にフォーカスさえしていれば、いつでも一つの道に固執することなく、必要があれば、撤退して別の道に進むことができます。もっとも、それまでに費やした時間とエネルギー、お金があまりに多ければ、撤退、撤収には勇気がいるでしょうが。

実際、最初の決心を翻さないといけないことは起きます。哲学者の鶴見俊輔が、ベトナム戦争の脱走兵の援助をしていたことがありました。ある時、日本人の脱走兵を自分の家の二階に泊めました。その頃は、日本人でもアメリカの大学に行っていると、徴兵検査の通知がくることがあったのです。その日本人の脱走兵は、戦争に行けば学費が免除になり親も助かると思い、検査に行くと、体格がよかったことから、すぐにベトナムに行くことが決まったそうです。

しかし、ベトナムで彼を待ち受けていたのは、殺したり、殺されたりするという現実でした。

初めから何もかも見通した上で、決めることは難しいことだと思います。このような特殊なケースだけではなく、再決断が必要になるケースはいくらでも起こりえます。鶴見はいっています。

「たとえばアフガンに行って、どんどん殺したり、殺されたりやってるうちに考えるよ、そりゃ。そしたらどうなるか。『お前、途中で気を変えるなんてけしからん』というようなことをいう日本の、進歩的な正義感というかな。サムライ的な正義感から少し自由になったほうがいい」(『鶴見俊輔対談集　未来におきたいものは』)

もちろん、別の道に進もうと思うようなことが、いつも起きるわけではありません。しかし、別の道に進もうと思った時、目標にしっかりとフォーカスしていれば、今、何が起こっても、その一つ一つのことではびくともしませんし、最終の目的地を見据えているわけですから、無駄なこと、あるいは、無駄に見えることをすることも、回り道をすることもできます。ただ目的地に着けばいいというものではありません。目的地に着くまで、ずっと眠っていてはつまらないでしょう。途中の景色を楽しめばいいのです。

もっともこんなふうに書きましたが、途中で気を変えてもよいというのは、安直に翻意することを後押ししているわけではありません。普段、思い詰めて「もうこれしかない、後には引き返せない」と思っている人にこそ、いうべきことでしょう。

このことに注意した上でいえば、目標、目的の達成に有用なことしかしないというのは、問題だと思うのです。受験生だからといって、勉強以外のすべてのことを犠牲にしてもいいというわけではないのと一緒です。

機械は他の何よりも目的的、つまり、目的のために作られています。なぜなら、機械は、特定の目的の「ために」だけに作られ、動くからです。人間も、後ろから何かに押されるのではなく、何か目標を立て、それに向かっていくという意味で、目的的です。しかし、目的の達成に至るまでに、ただそのことにだけ有用なことをするのではなく、一見、無駄なこともできるところが、人間と機械の違いであるといえます。効率的に生きるというようなことは、人間の生き方とはほど遠いのです。

人生の困難

人生において直面する課題で容易なものなど何一つないといってもいいくらいです。しかし、困難があるから課題を回避するのではなく、むしろ、失敗を怖れるがゆえに課題を回避し、回避することを正当化できる理由として、人生とその課題に大きな困難と危険を探すのです。人生の課題を回避するための口実として探し出された人生の困難は、本質的な困難ではありません。

人生が苦しいか、苦しくないかといえば、やはり苦しいといわなければなりません。この世界は完全ではなく、理不尽なことばかりが起こると思うことがあります。子どもや若い人が早世すること、事故や災害にあうこと、事件に巻き込まれること……。

たとえこのようなことには巻き込まれなくても、歳を重ねれば、身体は衰え、病気になります。たった一人で生きるのならいざ知らず、人と関わる以上、対人関係のトラブルを避けることはできません。しかし、それでも、人生は苦しいことばかりだというのも本当ではないでしょう。

アドラーは、この世界は薔薇色のものである、ということも、反対に、世界を悲観的な言葉で描くことにも反対し（『子どもの教育』）、次のようにいっています。

「この地球の上でくつろぐ人は、人生の快適なことだけではなく、不快なことも自分に属していることを確信している」（*Superiority and Social Interest*）。

人生には、快適なことばかりではなく、不快なこともあるというのに、アドラーは「この地球の上でくつろぐ人」が、そのことを確信しているといっているのです。地球の上で、あるいは、世界の中でくつろぐという表現はアドラーが好んで使うのですが、これと反対の表現は「敵国の中にいる」です。

「たしかに、この世界には、悪、困難、偏見がある。しかし、それがわれわれの世界であり、その利点も不利な点もわれわれのものである」（『人生の意味の心理学』）

この世界には悪があり、人生はいいことばかりではありませんし、私は辛い目にもあってきましたが、生きてきてよかったと今は考えています。だから、苦しいことがないわけではないけれど、それでも生きてみる価値はありますよといってみたいのです。

世界を変革する

そのようにいえるためには、この世界にどんな困難があっても、自分が置かれた現実から目を逸らすことなく、自分ができることをする必要があります。

母にドイツ語を教えたことを思い出します。母は脳梗塞のために半身不随であったのに、なお病床で勉強しようとしました。人はどんな時も自由でいられるということを私は母から学んだのでした。

このような個人的なことについても、さらに私たちが生きているこの世界についても、現状に絶望しないでできることを見つけたいのです。内村鑑三は「われわれが死ぬまでにはこの世の中を少しなりとも善くして死にたいではありませんか」といい（『後世への最大遺物』）、アドラーは、この世界に悪や困難などがあることに注意した上で、利点も不利な点もあるこの世界の中で、自分の課題に適切な仕方で臆することなく立ち向かっていくならば、「世界を改善するにあたって、自分が果たすべき役割がある」といっています（『人生の意味の心理学』）。

今ここで幸福になれる

古代ギリシアの歴史家ヘロドトスの『歴史』に、ギリシアの七賢人の一人でアテナイの政治家であるソロンと、リュディアの王クロイソスの対話が伝えられています。

クロイソスはソロンにたずねました。知識を求めて広く世界を見てまわったあなたは、誰がこの世界で一番幸福な人間だと思うか、と。

実はクロイソスは、自分こそが一番幸福な人間であるつもりで、ソロンにそうたずねたのですが、ソロンはクロイソスではなくテロスという人の名をあげました。テロスは繁栄した国アテナイに生まれ、優れたよい子どもに恵まれ、その子どもたちにまた子どもが生まれ、皆無事に育ちました。生活も裕福でしたが、死に際が見事で、アテナイが隣国と闘った時、味方の救援に行き、敵を敗走させた後、見事な戦死を遂げたというのです。

クロイソスだけでなく、私たちもこの答えに満足しないでしょう。今日、自分と自分が住む国家との間に一体感があるとはいえないでしょうし、子どもに恵まれ、裕福だとしても、戦死した人が幸福であるとはとても思えないからです。

政治についての考えは人によってさまざまであっていいと思いますが、国家が戦争をするということになった時に、その戦争に参加するのは、戦争をすることを決めた政治家ではなく、まず一番に若い人であり、私たちの子どもなのですから、国家のために死ぬことが幸福とは簡単にいえないでしょう。そのようなことが起こらないとしても、今の時代は悪政のもとでも人は幸福に生きられるかということが切実な問題になっています。

クロイソスはソロンに、「私のこの幸福は何の価値もないのか」と問い詰めました。ソロンは答えました。どんな幸運もいつまで続くかわからない、今日幸福であっても明日のことは保障されない、「人間万事偶然のみ」と。

後にクロイソスが王であったリュディアの首都サルディスは、ペルシア軍に占領されて陥落し、王自身が囚われの身になりました。クロイソスはうず高く積まれた薪の上に立たされ火刑に処せられることになりました。その時、ふとクロイソスはソロンの言葉を思い出しました。

「人間は生きている限り、何人《なんぴと》も幸福であるとはいえない」

はたして生きている限り人間は幸福といえないのでしょうか。この問いに対しては、次のように答えることができます。最後の日を待たなくても、明日を今日の延長とすることなく、今日の一日を満ち足りたものとして大切に生き切れば、今、ここで幸福になれる、と。

幸福になるためには、個人的な、あるいは、自分だけの幸福を追求するだけでは十分ではありません。もっといえば、自分だけが幸福になっても意味がありませんし、おそらくは、自分だけが幸福になることはできないでしょう。

何度も見てきたように、人は他の人との関係を離れて生きることはできず、他者と共生する必要があります。その際、私は他の人に負っていることが多々ありますが、私もまた他者に働きかけ、協力することができます。与えられるだけではなく、与えることができるのです。

この意味で、人と人とは相互依存の関係にあります。そのことを忘れて、自分だけが幸福になることはできません。芥川龍之介の『蜘蛛の糸』に犍陀多《カンダタ》が天上から垂れてくる銀色の蜘蛛の糸にすがって地獄から極楽へと入ろうとした時に、同じ糸をよじ登ってくる他の罪人を見て、「この蜘蛛の糸は己のものだぞ」と叫び、その途端にぷつりと糸が切れてしまったようにです。

人はこのような相互依存関係にあって、他者から与えられるだけでなく、自分も他者に与え、貢献することができます。この場合、他者への貢献は、「行為」の次元の貢献でなくても、「存在」の次元においても可能です。

どのような仕方であれ、他者に貢献している、誰かに役立っていると感じられる時、人は幸福になれます。幸福とは貢献感なのです。この意味での幸福は、人生の終わりを待たなくても得ることができるのです。

遊びも人生の課題

人生は苦しいということばかり書いてきたようです。最後に遊びについて書きます。

これも人生の課題といえます。仕事が生産的であるのに対して、生産的でないのが遊びです。しかし、生産的であるから価値がある、あるいは、生産的ではないから価値がないとはいえません。ただ遊び、楽しむという時間があっていいわけですし、上手に遊べる人だけが他の人生の課題もこなせるといっていいくらいです。

とはいえ、実のところ、遊ぶことが苦手な私は、遊びが大切であるということをうまく書けないのですが、冠動脈のバイパス手術を受けた時の私の執刀医であった中島昌道医師のことをふと思い出しました。

私が受けた手術は人工心肺を使って心臓を止めた状態で行うものでしたが、心臓を止めるということは、理屈では割り切れない怖れを私の中に起こしました。手術の朝、私に「無理をして笑っていなくていい」という先生に「怖いです」と応えたところ、返ってきた「そりゃあそうだ。でも、私は自信満々だ」という言葉が、私から術前の恐怖心を取り除きました。

六千回以上の手術をこなしてきた先生が、どんな手術でも起こりうる不測の事態に伴う危険を知らずに、自信満々といったとは思いません。しかし、ここぞという時に、自信に満ちた言葉をいえるようになりたい、とその時思いました。

先生が、私とは違ってテンションがあまりに高いことに最初は困惑気味だったのですが、患者である私はもとより、家族、同僚の医師、看護師、さらには、見舞いにくる人にもいつも熱心に話す様子を見て、先生への見方を変えないわけにいきませんでした。

先生が「病院は遊び場である」と日頃いっていると看護師さんから聞いて納得しました。患者としての私は今直面していることが生死に関わるものであり、真剣に向き合う必要があるけれども、だからといって深刻になることはないことを先生と話していて学びました。激務にもかかわらず、また手術が極度の緊張を強いるものであるにもかかわらず、遊び心を忘れず、病院を遊び場として楽しんで生きている先生の生き方に強い影響を受けました。

エネルゲイアとしての生は、たしかに一瞬一瞬を大切にするのですが、そのように生きようと思って、常に息詰まるような緊張状態にある必要はありません。

旧約聖書の『コヘレトの言葉』には、何事にも、例えば、生まれる時にも、死ぬ時にも、時があって、人が労苦してみたところで何になろう、と書いてあるのですが、その次にはこう書いてあります。

「人間にとって最も幸福なのは、喜び楽しんで一生を送ることだ」（三章一二節）

最後はあなた次第

相談にきた人が、人生の課題に立ち向かえるように援助することをアドラー心理学では「勇気づけ」といいます。長所を指摘したり、貢献に注目するなどの援助をすることはできるのですが、当の本人が、人生の課題に向かおうとしなければ、何も起こらないのです。

例えば、対人関係を築くことは、人生の大きな課題ですが、それを回避する人は、何としても他者の中に問題を見出し、それを人と関わることが困難であることの理由にしようとします。同様に自分についても、他者との関係が始まることがないように、あるいは、終止符を打つために、自分の問題、短所などを容易に見つけようとします。このことについてはすでに見たとおりです。

このような人に、対人関係がうまくいかないのはあなたのせいではないといえば、自分のことをよくわかってもらえたと感謝されるかもしれませんが、そのようにいわれたら、今の状態を人のせいにして、対人関係を築くための努力をいよいよしなくなることは明らかです。

本人がこれまでのライフスタイルでは生きてはいけないのだという自覚をするまでは、

どんな働きかけも、功を奏さないことは残念ながらたしかにあります。

カウンセリングは、たとえてみれば、カウンセラーと相談にきた人が地図を持って一緒に旅に出かけるようなものです。あるところまで行けば、ここから後は一人で行けますね、といって別れなければなりません。そこから先はカウンセラーは何もできません。

それでも、カウンセリングを受けてみようとまでは思わなくても、今の自分のあり方を少しでも変えられないかと思った人は、その時から変わり始めています。ルルドの泉へ奇跡の水を求めて旅立つことを決めた時から、治癒が始まっているというようなことが起こります。これは、生きる姿勢が変わることに伴って起こることだろう、と私は考えています。

本書を手にした人で、この本を手にする前に一度も幸福について考えたことがなかったという人は少ないだろうと思います。

どうしたら幸福に生きられるかという問題についての考察はこれで終わりです。後は、あなたが飛躍する決心をするかどうかです。

あとがき

ドストエフスキーの『白痴』の中で、ムイシュキン公爵が、死刑囚のエピソードを語る場面があります。この死刑囚は、役所の形式主義を当てにして、まだ刑の執行は、一週間は先だろうと思っていたら、思いがけず何かの事情で手続きが短縮し、ある朝五時、まだ眠っている時に、看守に起こされました。

「どうしたんだ？」

「九時過ぎに刑の執行だ」

書類はまだ後一週間しないとできないのではないか、と男は思いましたが、やがて、すっかり目が覚めると、争うのを止めて口をつぐんでしまいました。

「それにしても、こんなに突然じゃ参るじゃないか……」

本文にも書きましたが、私が、二〇〇六年に心筋梗塞で倒れ、救急車で早朝病院に運ばれ、医師から心筋梗塞といわれた時に、私はこれと同じことを感じました。

幸い、いくつかの偶然から、文字どおり九死に一生を得て生還できた私は、かつて母の病床で考えたように、「幸福とは何か」について、今日に至るまで一瞬も意識の圏外に置くことができない死を見つめながら考えることになりました。

ソクラテスの流れをくむ犬儒派《けんじゅは》と呼ばれる哲学者の一人であるディオゲネスは、何も持たずに酒樽の中で暮らしていました。それでも、水を飲むために茶碗だけは持っていたのですが、ある日、子どもが川の水を素手ですくって飲んでいるのを見て「私はこの子に負けた」と、その茶碗まで捨ててしまいました。死を間近に見た私は、このディオゲネスのように何もかも捨てました。

幸福について考察する時、病気や死についても書いてみようと思ったのは、それらは、生の彼方にあるというよりは、私たちがたとえ日頃気づいていなくても常に生の直下にあり、幸福について考える時に避けては通れない課題だからです。

他面、それらは特別の課題ではなく、人は病気や死に直面する時にも、他の人生の課題に直面する時と同じ仕方で対処するということを、本書で明らかにしました。

本文の中で「この人が世を去れば、教えを受くべき人は誰もいなくなる」というカトーの言葉を引きました。私は当然のことながらアドラーの謦咳《けいがい》に接することはなかったのですが、時空を超えてアドラーから多くのことを学べたことをありがたく思っています。おかげでソクラテスのいうように、「静謐《せいひつ》の中で死ななければならぬ」（『パイドン』）というような心境とはほど遠かったのですが、人生の一つの危機を乗り越えることができました。

本書は、二〇一〇年に刊行されたベスト新書『アドラー心理学シンプルな幸福論』が二〇一四年に『アドラー心理学実践入門〜「生」「老」「病」「死」との向き合い方〜』としてワニ文庫として出版されたものに、今回さらに増補加筆および修正し新たに刊行したものです。

二〇二四年十二月　　岸見一郎

参考文献

Adler, *Alfred. Superiority and Social Interest: A Collection of Later Writing*. eds. Heinz L. and Rowena R. Ansbacher. New York: W.W.Norton, 1979（Original: 1964）.

Adler, Alfred. *Über den nervösen Charakter: Grundzüge einer vergleichenden Individualpsychologie und Psychotherapie*, Vandenhoeck & Ruprecht, 1997.

Ansbacher, Heinz L. and Ansbacher, Rowena R. eds., *The Individual Psychology of Alfred Adler: Systematic Presentation in Selections from his Writings*, Basic Books, 1956.

Ansbacher, Heinz L. and Ansbacher, Rowena R. eds., *Alfred Adlers Individualpsychologie*, Ernst Reinhardst Verlag, 1982.

Brett, Colin. Introduction. In Adler, Alfred. *Understanding Life*（original. *The Science of Living*）. Brett, Colin ed., Hazelden, 1998.

Burnet, J（rec.）. *Platonis Opera*, 5 vols., Oxford（Oxford Classical Texts）, 1899 - 1906.

Hicks, R. D. *Diogenes Laertius. Lives of eminent philosophers*, Harvard University Press 1925.

Kuschner, Harold S. *When Bad Things Happen to Good People*, Anchor Books, 2004.

Laing, R.D. *Self and Others*, Pantheon Books, 1961.

Manaster, Guy et al. eds., *Alfred Adler: As We Remember Him*, North American Society of Adlerian Psychology, 1977.

Ross, W.D.（rec.）. *Aristoteles, Metaphysics*, Oxford, 1948

Sicher, Lydia. *The Collected Works of Lydia Sicher: Adlerian Perspective*, QED Press, 1991.

Stone, Mark and Drescher, Karen, eds., *Adler Speaks, The Lectures of Alfred Adler*, iUniverse, Inc., 2004.

芥川龍之介『蜘蛛の糸・杜子春』新潮社、一九六八年

アドラー、アルフレッド『生きる意味を求めて』岸見一郎訳、アルテ、二〇〇八年

アドラー、アルフレッド『教育困難な子どもたち』岸見一郎訳、アルテ、二〇〇八年

アドラー、アルフレッド『人間知の心理学』岸見一郎訳、アルテ、二〇〇八年

アドラー、アルフレッド『性格の心理学』岸見一郎訳、アルテ、二〇〇九年

アドラー、アルフレッド『人生の意味の心理学（上）』岸見一郎訳、アルテ、二〇一〇年

アドラー、アルフレッド『人生の意味の心理学（下）』岸見一郎訳、アルテ、二〇一〇年

アドラー、アルフレッド『個人心理学講義』岸見一郎訳、アルテ、二〇一二年

アドラー、アルフレッド『人はなぜ神経症になるのか』岸見一郎訳、アルテ、二〇一二年

アドラー、アルフレッド『子どもの教育』岸見一郎訳、アルテ、二〇一三年

アドラー、アルフレッド『子どものライフスタイル』岸見一郎訳、二〇一三年
上田閑照、岡村美穂子編『鈴木大拙とは誰か』岩波書店、二〇〇二年
内村鑑三『後世への最大遺物・デンマルク国の話』岩波書店、一九七六年
エレンベルガー、アンリ『無意識の発見　力動精神医学発達史』木村敏、中井久夫訳、弘文堂、一九八〇年
キケロー『老年について』中務哲郎訳、岩波書店、二〇〇四年
岸見一郎『アドラー心理学入門　よりよい人間関係のために』KKベストセラーズ、一九九九年
岸見一郎『不幸の心理　幸福の哲学　人はなぜ苦悩するのか』唯学書房、二〇〇三年
岸見一郎『アドラーに学ぶ　生きる勇気とは何か』アルテ、二〇〇八年
岸見一郎『高校生のための心理学入門』アルテ、二〇〇九年
岸見一郎『子育てのための心理学入門』アルテ、二〇一〇年
岸見一郎『アドラー　人生を生き抜く心理学』NHK出版、二〇一〇年
岸見一郎『困った時のアドラー心理学』中央公論新社、二〇一〇年
岸見一郎『よく生きるということ　「死」から「生」を考える』唯学書房、二〇一二年
岸見一郎『改訂新版　アドラーを読む　共同体感覚の諸相』アルテ、二〇一四年
岸見一郎、古賀史健『嫌われる勇気　自己啓発の源流「アドラー」の教え』ダイヤモンド社、

二〇一四年
キューブラー＝ロス、エリザベス『死ぬ瞬間　死とその過程について』鈴木晶訳、中央公論社、二〇〇一年
キューブラー＝ロス、エリザベス、ケスラー、デーヴィッド『ライフレッスン』上野圭一訳、角川書店、二〇〇一年
キューブラー＝ロス、エリザベス、ケスラー、デーヴィッド『永遠の別れ』上野圭一訳、日本教文社、二〇〇七年
クシュナー、H.S.『なぜ私だけが苦しむのか　現代のヨブ記』斎藤武訳、岩波書店、二〇〇八年
重松清『その日のまえに』文藝春秋、二〇〇八年
城山三郎『無所属の時間で生きる』新潮社、二〇〇八年
須賀敦子『ミラノ　霧の風景』白水社、一九九〇年
瀬戸内寂聴、ドナルド・キーン、鶴見俊輔『同時代を生きて』岩波書店、二〇〇四年
多田富雄『寡黙なる巨人』集英社、二〇〇七年
鶴見俊輔『鶴見俊輔対談集　未来におきたいものは』晶文社、二〇〇二年
ドストエフスキー『白痴』木村浩訳、新潮社（新潮文庫）、一九七〇年
ヒルティ『眠られぬ夜のために』草間平作、大和邦太郎訳、岩波書店、一九七三年

フロム、エーリッヒ『愛するということ』鈴木晶薬、紀伊國屋書店、一九九一年
ベルク、ヴァン・デン『病床の心理学』早坂泰次郎訳、現代社、一九七五年
ヘロドトス『歴史』松平千秋訳、岩波書店、一九七一年
北條民雄『いのちの初夜』角川書店、一九五五年
ホフマン、エドワード『アドラーの生涯』岸見一郎訳、金子書房、二〇〇五年
森有正『森有正全集第一三巻』筑摩書房、一九八一年
柳田邦男「新・がん50人の勇気」文藝春秋、二〇〇九年
ラエルティウス、ディオゲネス『ギリシア哲学者列伝』加来彰俊訳、岩波書店、一九八九年
リルケ、マイナー『若い詩人への手紙』佐藤晃一訳、角川書店、一九五三年
レイン、R.D.『自己と他者』、志貴晴彦、笠原嘉訳、みすず書房、一九七五年
『聖書』新共同訳、日本聖書協会、一九八九年

岸見一郎（きしみ・いちろう）

1956年、京都生まれ。哲学者。京都大学大学院文学研究科博士課程満期退学（西洋哲学史専攻）。専門の哲学に並行してアドラー心理学の研究。奈良女子大学文学部非常勤講師などを歴任。著書に『嫌われる勇気』『幸せになる勇気』（古賀史健と共著、ダイヤモンド社）、『アドラー 人生を生き抜く心理学』（NHK出版）、『アドラー心理学入門 よりよい人間関係のために』『アドラーに学ぶ 人はなぜ働くのか』（KKベストセラーズ）、『生きづらさからの脱却』（筑摩書房）、『アドラーをじっくり読む』（中央公論新社）、『つながらない覚悟』（PHP研究所）、訳書に『人生の意味の心理学』『個人心理学講義』（アドラー、アルテ）、『ティマイオス／クリティアス』（プラトン、白澤社）など多数。

ベスト新書
618

アドラーに学《まな》ぶ
どうすれば幸福《こうふく》に生《い》きられるか

二〇二五年二月一〇日　初版第一刷発行

著者◎岸見《きしみ》一郎《いちろう》

発行者◎鈴木康成
編集者◎梁木みのり
発行所◎株式会社ベストセラーズ
東京都文京区音羽一-一五-一五
シティ音羽二階　〒112-0013
電話　03-6304-1832(編集)　03-6304-1603(営業)
https://www.bestsellers.co.jp

装幀◎フロッグキングスタジオ
印刷製本◎錦明印刷
DTP◎アイ・ハブ

ISBN978-4-584-12618-9 C0211